DIREITOS FUNDAMENTAIS AMBIENTAIS APLICADOS À CIDADE

BEATRIZ SOUZA COSTA
ÉMILIEN VILAS BOAS REIS
MARIZA RIOS
NEWTON TEIXEIRA CARVALHO
(COORDENADORES)

DIREITOS FUNDAMENTAIS AMBIENTAIS APLICADOS À CIDADE

2ª EDIÇÃO

Del Rey EDITORA

Belo Horizonte
2015

Impresso no Brasil | *Printed in Brazil*

EDITORA DEL REY LTDA.
www.livrariadelrey.com.br

Editor: Arnaldo Oliveira

Editor Adjunto: Ricardo A. Malheiros Fiuza

Editora Assistente: Waneska Diniz

Coordenação Editorial: Wendell Campos Borges

Projeto gráfico: Lucila Pangracio Azevedo

Diagramação: Lucila Pangracio Azevedo

Revisão: Maria Elizabete de Sousa

Capa: CYB Comunicação

Editora / MG
Editora / MG
Rua dos Goitacazes, 71 – Sala 709-C – Centro
Belo Horizonte – MG – CEP 30190-050
Tel: (31) 3284-5845
editora@delreyonline.com.br

D598 Direitos fundamentais ambientais aplicados à cidade. / Beatriz Souza Costa, Émilien Vilas Boas Reis, Mariza Rios e Newton Teixeira Carvalho (Coordenadores). 2. ed. Belo Horizonte: Del Rey, 2015.

xii + 190 p.

ISBN. 978-85-384-0413-2

Colaboradores: André Cordeiro Leal, Beatriz Souza Costa, Elcio Nacur Rezende, Émilien Vilas Boas Reis, Fernando Lage Tolentino, Mariza Rios, Newton Teixeira Carvalho, Stella de Moura Kleinrath, Stephanie Rodrigues Venâncio e Vinícius Lott Thibau.

1.Direito urbano, Brasil. 2. Direito Ambiental. I. Reis, Émilien Vilas Boas (Coord.). II. Rios, Mariza (Coord.). III. Carvalho, Newton Teixeira (Coord.).

CDU: 341:347

Nilcéia Lage de Medeiros
Bibliotecária – CRB6: 1545

ESCREVERAM NESTE LIVRO

ANDRÉ CORDEIRO LEAL
Doutor e Mestre em Direito Processual pelo Programa de Pós-Graduação *Stricto Sensu* em Direito da Pontifícia Universidade Católica de Minas Gerais. Professor Titular da Universidade FUMEC. Professor do corpo permanente do programa de pós-graduação *Stricto Sensu* em Direito (Mestrado em Instituições Sociais, Direito e Democracia) da Universidade FUMEC. Professor do curso de bacharelado em Direito da Universidade FUMEC. Professor Adjunto IV da Pontifícia Universidade Católica de Minas Gerais, ministrando aulas nos cursos de bacharelado em Direito da Faculdade Mineira de Direito nas unidades do Coração Eucarístico e da Praça da Liberdade. Professor do Instituto de Educação Continuada da PUC Minas. Diretor de Pesquisa do INPEJ – Instituto Popperiano de Estudos Jurídicos. Bacharel em Ciências Econômicas pela PUC Minas. Advogado.

BEATRIZ SOUZA COSTA
Mestre e Doutora em Direito Constitucional pela UFMG. Professora do Mestrado em Direito Ambiental e Desenvolvimento Sustentável da Escola Superior Dom Helder Câmara. Pró-reitora de Pesquisa da ESDHC.

ELCIO NACUR REZENDE
Mestre e Doutor em Direito. Professor e Coordenador do Programa de Pós-graduação em Direito da Escola Superior Dom Helder Câmara. Procurador da Fazenda Nacional.

ÉMILIEN VILAS BOAS REIS
Pós-doutor em Filosofia pela Faculdade do Porto (FLUP-Portugal). Doutor e mestre em Filosofia pela Pontifícia Universidade Católica do Rio Grande do Sul (PUCRS). Graduado em Filosofia pela Universidade Federal de Minas Gerais (UFMG). Professor de Filosofia e Filosofia do Direito na graduação e no mestrado da Escola Superior Dom Helder Câmara (ESDHC BH).

FERNANDO LAGE TOLENTINO
Mestre em Direito Processual pela Pontifícia Universidade Católica de Minas Gerais. Graduado em Direito pela mesma instituição. Professor Assistente IV na Escola Superior Dom Helder Câmara. Advogado.

MARIZA RIOS

Graduada em Direito pela Universidade Gama Filho do Rio de Janeiro. Especialista em Direto Público pela Faculdade de Direito do Vale do Rio Doce. Mestre em Direito, Estado e Constituição pela Universidade de Brasília (UnB) com pesquisa na Universidade de Coimbra sob a orientação de Boaventura de Sousa Santos. Professora na Escola Superior Dom Helder Câmara. Doutoranda em Direito Administrativo Constitucional na Universidade Complutense de Madrid, Espanha.

NEWTON TEIXEIRA CARVALHO

Doutorando pela Pontifícia Universidade Católica do Rio de Janeiro (2013) em Teoria do Estado e Direito Constitucional. Graduado em Direito pela Pontifícia Universidade Católica de Minas Gerais (1985). Mestre em Direito pela Pontifícia Universidade Católica de Minas Gerais (2004). Especialista em Direito de Empresa pela Fundação Dom Cabral. Juiz de Direito da 1ª Vara de Família até junho de 2012. Desembargador da 13ª Câmara Cível do TJMG a partir de junho de 2012. Professor de Direito de Família na Escola Superior Dom Helder Câmara.

STELLA DE MOURA KLEINRATH

Graduada em Administração/Comércio Exterior pelo Centro Universitário UNA/BH. Especialista em Marketing pela Fundação Dom Cabral em Belo Horizonte. Mestra em Ciências Comerciais pela *Wirtschaftsuniversitaet Wien* em Viena-Áustria. Doutora em Economia Regional e Urbana pela *Wirtschaftsuniversitaet Wien* em Viena-Áustria. Membro da Associação Brasileira de Direito e Economia – ABDE. Membro do Conselho Deliberativo do Patrimônio Cultural do Município de Belo Horizonte. Diretora de Promoção Turística da Empresa Municipal de Turismo S.A – Belotur. Ex-Professora adjunta na Escola Superior Dom Helder Câmara.

STEPHANIE RODRIGUES VENÂNCIO

Graduada em Direito pela Pontifícia Universidade Católica de Minas Gerais (2013). Pós-Graduanda em Direito Civil Aplicado pelo Instituto de Educação Continuada da Pontifícia Universidade Católica de Minas Gerais. Assistente Judiciário no Tribunal de Justiça de Minas Gerais. Mestranda em Direito Ambiental pela Escola Superior Dom Helder Câmara.

VINÍCIUS LOTT THIBAU

Doutorando e Mestre em Direito Processual pelo Programa de Pós-Graduação *Stricto Sensu* em Direito da Pontifícia Universidade Católica de Minas Gerais. Professor de Direito Processual Civil no Curso de Graduação em Direito da

Escola Superior Dom Helder Câmara. Professor de Direito Processual Civil no Curso de Pós-Graduação *Lato Sensu* em Direito Processual do Instituto para o Desenvolvimento Democrático (IDDE – em colaboração com a Faculdade de Direito da Universidade de Coimbra, Portugal). Professor de Direito Processual Civil no Curso de Pós-Graduação *Lato Sensu* em Advocacia Cível da Escola Superior de Advocacia da Ordem dos Advogados do Brasil – Seção Minas Gerais. Advogado.

SUMÁRIO

APRESENTAÇÃO xi

INTRODUÇÃO 1

CAPÍTULO I CIDADE: UM BEM A SER PROTEGIDO?
Émilien Vilas Boas Reis 7

CAPÍTULO II – FEDERALISMO BRASILEIRO E REPARTIÇÃO DE COMPETÊNCIAS EM MATÉRIA URBANÍSTICA
Fernando Lage Tolentino
Vinícius Lott Thibau 21

CAPÍTULO III – A CIDADE E A CONSTITUIÇÃO FEDERAL DE 1988
Beatriz Souza Costa
Mariza Rios 45

CAPÍTULO IV – A PROPRIEDADE URBANA E SUA FUNÇÃO SOCIAL
Fernando Lage Tolentino
Mariza Rios 77

CAPÍTULO V – USO E OCUPAÇÃO DO SOLO
Newton Teixeira Carvalho
Stephanie Rodrigues Venâncio 99

CAPÍTULO VI – SANEAMENTO BÁSICO COMO INSTRUMENTO DE DIMINUIÇÃO DAS DESIGUALDADES
Elcio Nacur Rezende
Newton Teixeira Carvalho 127

CAPÍTULO VII – A CIDADE, O PATRIMÔNIO CULTURAL E A GESTÃO URBANA
Émilien Vilas Boas Reis
Stella de Moura Kleinrath 145

CAPÍTULO VIII – DIREITO FUNDAMENTAL AO PROCESSO E DEMOCRATIZAÇÃO DA CIDADE
André Cordeiro Leal
Vinícius Lott Thibau 171

APRESENTAÇÃO

DIREITO À CIDADE – MORADIA E EQUILÍBRIO AMBIENTAL – teve sua origem na ideia inicial de um grupo de pesquisas formado em 2009, cujo foco era o estudo "Morar com Dignidade", da Escola Superior Dom Helder Câmara.

Em 2012, nasce o primeiro resultado do trabalho coletivo de alunos e professores que tinham como objetivo central refletir a problemática do Direito à Cidade (direito á cidade) com enfoque na moradia adequada que engloba não apenas morar, mas ter acesso aos serviços e equipamentos públicos básicos, tais como saneamento, tratamento do lixo, parques, escolas, dentre outros equipamentos urbanos resultando esse *locus*, um espaço social equilibrado e respeitado pela população e pelo poder público. O grupo se sentiu sensibilizado pelo contexto do Direito Urbanístico que passou, em um processo interdisciplinar, a nortear a pesquisa com foco nos instrumentos urbanos necessários à cidade ambientalmente ordenada.

Assim, se concretizou, em um processo interdisciplinar de teoria e prática educacional, a interligação entre Direito à Cidade (cidade) e Direito Urbanístico e, dentro destes, a política urbana de moradia, o entrecruzamento de conhecimento e aprendizado entre alunos e professores de várias áreas do Direito, da Filosofia e da Economia na empreitada de produzir um trabalho com vistas ao desempenho educativo da pesquisa.

O trabalho animou o grupo que, em 2013, fez sua segunda publicação com o título *A Cidade Real e a Cidade Ideal – Em uma Reflexão Interdisciplinar*, cujo desafio foi "como ponto de partida de uma construção que visa, a partir dessa concretização – Cidade Real e Cidade Ideal –, discutir aspectos que possam nos ajudar a aproximar o Real do Ideal".[1] Dessa feita, os autores tiveram a prazerosa alegria de uma segunda tiragem em 2014.

No mesmo ano, o grupo foi suprimido em razão de um processo de adaptação às novas regras de pesquisa da instituição à qual estava inserido, já que a pesquisa e alguns dos pesquisadores/autores foram incluídos em um novo grupo que albergou o projeto de pesquisa em sua totalidade.

Assim, em 2014, o grupo produziu e publicou *A Cidade Real e a Cidade Ideal – Em uma Visão Transdisciplinar* e o segundo intitulado *Cidade,*

---

[1] RIOS, Mariza. *A cidade Real e a Cidade Ideal em uma reflexão interdisciplinar*. Belo Horizonte: Del Rey, 2012, p. 1.

Eventos Esportivos e Estado de Exceção, também fruto de um prazeroso trabalho coletivo em que os autores, pautados na história do tema e na análise crítica da atualidade brasileira pós-Copa do Mundo, apresenta aos leitores um debate visando contribuir com a democracia nacional focado na supremacia da lei como princípio constitutivo do Estado Democrático de Direito.

Agora, a presente obra, traz no centro do debate o tema *Direitos Fundamentais Ambientais Aplicados à Cidade*.

Assim, tendo como centralidade a Cidade e seu direito de ser protegida como ambiente propício, lugar de convivência e, porque não dizer, também de solidão e muitas vezes perda da própria liberdade, substituição do ornamento (cidade antiga) pelo vidro, predomínio de interesses econômicos, ausência de imaginação, grito pelo relacionamento com o meio ambiente, pátria grande, território que clama pelo ecológico em vista de um novo desenvolvimento e, no meio dessa diversidade e, até fazendo parte dela, direitos fundamentais ofendidos, agredidos e ansiosos pela recuperação do *habitat* em que o modelo de desenvolvimento que produziu a dissolução das formas de convivência que têm o ambiente modificado, pensando quase unicamente no aspecto econômico. O desafio passa a ser criar condições ambientais de convivência a exigir um novo relacionamento com o meio ambiente, tendo como resultado uma Cidade como lugar de felicidade.

A prazerosa presença de pesquisadores de outras instituições, área de pesquisas e conhecimentos em um processo transdisciplinar também marca a essência de nossas publicações no desejo de que, abrindo olhares diversos, possam contribuir para o desenvolvimento e aprofundamento do tema CIDADE.

Fica o convite para novas e diferentes visões críticas a participarem deste projeto de publicações que conta com a inestimável parceria da Editora Del Rey que resultou em 2014 em duas publicações: ***Cidade Real e Cidade Ideal em uma Visão Transdisciplinar*** e ***Cidade, Eventos Esportivos e Estado de Exceção.***

Mariza Rios

Mestre em Direito pela Universidade de Brasília (UnB).
Professora da graduação da Escola Superior Dom Helder Câmara.
Doutoranda em Direito Administrativo Constitucional
na Universidade Complutense de Madrid, Espanha.

INTRODUÇÃO

Mariza Rios
Newton Teixeira Carvalho

Este novo livro ***Direitos Fundamentais Ambientais Aplicados à Cidade*** tem como desafio pensar em que medida será possível ter a Cidade como um lugar de convivência humana, cujo princípio básico é um novo relacionamento com o meio ambiente e, assim, um espaço de alegria, de desejos e sonhos que se misturam na prazerosa realidade da vida, sob os olhares da Filosofia, da Constituição, do Urbanismo, da Propriedade e o Direito Fundamental ao processo de democratização da cidade.

Por isso, importante iniciar pontuando que, ao contrário da ideia da Cidade como lugar de convivência humana, o modelo de desenvolvimento em pleno vigor produz em larga escala a dissolução das formas de convivência que foram substituídas pelo aparecimento dos grandes centros de produção e o aquecido mercado imobiliário em que o homem passou a se modificar para adaptar-se à nova centralidade que tem o econômico como prioridade.

Primeiro se pensa nas grandes obras que dão lucro e, em segundo – desde que não impeça a afirmação do modelo vigente – possibilita-se o reconhecimento de pequenos e inexpressivos direitos ambientais que entram na agenda da Cidade em um processo lento e cuidadoso, olhando sempre a meta do econômico e, quando se tem a certeza de que nada irá prejudicar o lucro, esses são trazidos à baila na vida da Cidade.

Do ponto de vista constitucional, vale recordar as palavras de Clèmerson Merlin Clève:

> (...) a Constituição foi generosa com os direitos fundamentais, apontando para a construção de um verdadeiro Estado Democrá-

> tico de Direito, erigido a partir de certos fundamentos e determinados princípios e objetivos. (...) Queremos algo diferente daquilo que vemos todos os dias nas ruas da cidade.[1]

Esse algo diferente, para os autores que escrevem a presente obra, constitui um conjunto de reflexões que visam contribuir com o debate acerca da Cidade e seu próprio direito de ser Cidade, cuja centralidade foi ofuscada pelo modelo de desenvolvimento econômico que atropela a própria garantia constitucional sobre o tema. Portanto, recuperar criticamente essa garantia tornou-se a meta dos autores do presente trabalho ao abordar temas variados como:

– Cidade: um bem a ser protegido?; – Federalismo brasileiro e repartição de competências em matéria urbanística; – A Cidade e a Constituição de 1988; – A propriedade urbana e sua função social; – Uso e ocupação do solo urbano; – Saneamento básico como instrumento de diminuição das desigualdades; – A Cidade, o patrimônio cultural e a gestão urbana e, por fim, – Direito fundamental ao processo e democratização da cidade.

São várias reflexões em torno da Cidade sob o olhar crítico de cada autor. Todos os capítulos trazem contribuições a partir de pressupostos comuns erigidos no terreno da Filosofia, Constitucionalismo, Urbanismo, Processo e temas afins na construção de um olhar sobre a Cidade, visando trazer uma contribuição acerca dos problemas e desafios que envolvem o espaço urbano na permanente luta pelo direito de ser um lugar de bem-estar.

Divide-se a produção em oito capítulos. No primeiro, Émilien Vilas Boas Reis remonta à origem da cidade ocidental afirmando que

> Ao longo da história do pensamento ocidental a cidade vem sendo pensada. Em todas as épocas, pensadores das mais diferentes vertentes procuraram justificar a importância fundamental da cidade na constituição, consolidação e perpetuação da sociedade. Assim, o texto a seguir fará algumas considerações a respeito de como a cidade foi tomada por alguns pensadores clássicos na tradição ocidental.

---

1 CLÈVE, Clèmerson Merlin. *Constituição, Democracia e Justiça*: aporte para um constitucionalismo igualitário. Belo Horizonte: Fórum, 2011, p. 11.

Fernando Lage Tolentino e Vinícius Lott Thibau abordam o Direito Urbanístico no segundo capítulo, enfrentando o tema da repartição de competências no modelo federalista, apresentando a necessidade de planejamento urbanístico e ordenação do solo com base na legislação pátria sobre o tema. Afirmam os autores que

> (...) o Direito Urbanístico vale-se do federalismo centrífugo para o enfrentamento dos diversos problemas decorrentes de uma urbanização desordenada, atribuindo às unidades institucionais o dever de atuação em matéria urbanística.

Na mesma linha de pensamento, tem-se o terceiro capítulo no qual Beatriz Souza Costa e Mariza Rios apresentam a Cidade e nela os direitos fundamentais, com destaque ao direito fundamental ao meio ambiente, como exigência básica para a convivência urbana.

No quarto capítulo, os autores Fernando Lage Tolentino e Mariza Rios abordam o debate em torno da propriedade urbana que a Constituição de 1988 reconfigurou, subordinando-a ao princípio da função social, buscando apoio em José Afonso da Silva quando diz:

> (...) a propriedade atenderá à sua função social, mais especialmente quando o reputou princípio da ordem econômica, ou seja, como um princípio informador da constituição econômica brasileira com o fim de assegurar a todos a existência digna conforme os ditames da justiça social (art. 170, II e III), a Constituição não estava simplesmente preordenando fundamentos às limitações, obrigação e ônus relativamente à propriedade privada, princípio também da ordem econômica, e, portanto, sujeita, só por si, ao cumprimento daquele fim. (...) A Constituição adota um princípio de transformação da propriedade capitalista, sem socializá-la, um princípio que condiciona a propriedade como um todo, não apenas seu exercício, possibilitando ao legislador entender os modos de aquisição em geral ou com certos tipos de propriedade, com seu uso, gozo, e disposição.[2]

O que, nesse sentido, possibilita outro olhar sobre a propriedade que foi construída como objeto de negócios e, por isso, presença forte no modelo de desenvolvimento urbano que tem como centralidade o econômico.

---

2 SILVA, José Afonso da. *Teoria do Conhecimento Constitucional*. São Paulo, Malheiros, 2014, p. 513.

No quinto capítulo, por sua vez, Newton Teixeira Carvalho e Stephanie Rodrigues Venâncio dissertam sobre o uso e ocupação do solo e apontam:

> O uso e a ocupação do solo e o padrão de urbanização brasileiro ainda não levam em consideração a necessidade de um desenvolvimento sustentável, eis que a expansão considera, antes de tudo, aspectos políticos que, aliados às necessidades empresariais, conseguem modificação na legislação local, em prol de um crescimento preocupado apenas com o lucro imediato e em total desprezo a esta geração e às gerações futuras.

Dando continuidade ao debate, tem-se o sexto capítulo, cujos autores Elcio Nacur Rezende e Newton Teixeira Carvalho abordam o saneamento básico:

> (...) pensar saneamento é, inexoravelmente, evitar problemas de saúde, em curto prazo. Portanto, válidos são os investimentos neste serviço público indispensável e, por consequência, os Municípios acabam economizando se prestarem este serviço com eficiência, principalmente considerando que tal atividade está atrelada ao direito fundamental de uma moradia digna, bem como ao Princípio da Dignidade da Pessoa Humana.

Na sequência, o sétimo capítulo versa sobre a cultura e a gestão urbana, afirmando os autores Émilien Vilas Boas Reis e Stella de Moura Kleinrath:

> (...) o texto passa a explanar o papel da gestão urbana na preservação do patrimônio cultural, iniciando com breve relato sobre o panorama nacional e as mudanças constitucionais de 1988 que levaram as políticas públicas de cultura a buscar reconhecimento para as diversidades culturais bem como ampliar o acesso até mesmo por meio da descentralização até as municipalidades.

Por fim, no oitavo e último capítulo, examinando o direito fundamental ao processo e democratização da Cidade, André Cordeiro Leal e Vinícius Lott Thibau indicam que:

> Pela teorização do marco democrático, que se deu a partir de 1988, o solipsismo decisório (dogmático) que marcou os paradigmas jurídico-constitucionais do Estado Liberal e do Estado Social é afastado em prol dos direitos de participação e de fiscalização que são

> atribuídos a todos para a construção de uma comunidade jurídico-constitucional-democrática, inclusive no *locus* urbano.

Assim,

> A importância do processo para a democratização da Cidade, já destacada em obra anterior,[3] é ratificada pela conjectura de que, na constitucionalidade democrática, somente pelo processo é possível identificar, medir e afastar os problemas urbanos, negando acatamento à proeminência normativa instalada pela atuação de patrimonializados e Estado na decisão do destino no recinto urbano.

Aqui está, caro leitor, os marcos da paisagem em que os autores concluem mais uma etapa de uma série de publicações: este terceiro livro cuja centralidade é a vida urbana sob diversos e possíveis olhares para uma mesma pérola, a CIDADE.

[3] THIBAU, Vinícius Lott. O processo na construção democrática da cidade. In RIOS, Mariza; CARVALHO, Newton Teixeira; KLEINRATH, Stella de Moura (coord.). *A cidade real e a cidade ideal em uma reflexão transdisciplinar.* 2ª tiragem. Belo Horizonte: Del Rey, 2014, p. 121-140.

Capítulo I

CIDADE: UM BEM A SER PROTEGIDO?

Émilien Vilas Boas Reis

1.1 O SURGIMENTO DA CIDADE

Ao longo da história do pensamento ocidental a cidade vem sendo refletida. Em todas as épocas, pensadores das mais diferentes vertentes procuraram justificar a importância fundamental da cidade na constituição, consolidação e perpetuação da sociedade. Assim, o texto a seguir fará algumas observações a respeito de como a cidade foi interpretada por alguns filósofos clássicos na tradição ocidental.[1]

Quando os primeiros homens buscaram uma justificativa que fundamentasse a cidade, ela já existia há muito. Antes do que viria a ser o que hoje conhecemos como cidade, é possível encontrar vestígios de sua origem em momentos longínquos, como ressalta muito bem Mumford: "Em meio às andanças inquietas do homem paleolítico, os mortos foram os primeiros a ter uma morada permanente: uma caverna, uma cova assinalada por um monte de pedras, um túmulo coletivo".[2] Este primeiro passo seria precedido, ainda no paleolítico, de agrupamentos em cavernas, que eram utilizadas para ritos religiosos:

---

1 Para uma visão do direito contemporâneo a respeito da preservação da cidade a partir de instrumentos jurídicos, conferir, por exemplo, MARQUES, Carlos Alexandre Michaello; MARQUES, Clarice Gonçalves Pires. O direito urbanístico e o desafio da gestão ambiental sustentável no município. In: *Veredas do Direito*, Vol. 8, n° 16, Jul.-Dez. 2011, p. 189-210.

2 MUMFORD, Lewis. *A Cidade na História*: suas origens, transformações e perspectivas. Trad. Neil R. da Silva. 4ª ed. São Paulo: Martins Fontes, 2004, p. 13.

> Nesses antigos santuários paleolíticos, como nos primeiros túmulos e montes sepulcrais, encontramos, se existem, os primeiros indícios de vida cívica, provavelmente muito antes de poder sequer suspeitar-se de qualquer agrupamento permanente em aldeias.[3]

Quando a filosofia surge no mundo helênico, a cidade já existia a alguns milênios, devido a necessidades históricas e contingenciais. Mas é com os filósofos gregos que passaremos a ter justificativas reflexivas para a cidade. A partir de então, vários pensadores darão suporte teórico para a defesa da cidade. Vejamos a seguir algumas dessas propostas.

1.2 GREGOS E ROMANOS

Na sua obra maior *A República*, Platão (428(27) a.C.–348(47) a.C.) se propôs repensar e refundar a *Pólis* grega, que havia surgido no período arcaico da história helênica. Tendo como assunto principal o que é a "justiça", no Livro II da obra, os personagens Sócrates e Adimanto começam a discutir sobre o surgimento da cidade. No diálogo que se segue, é possível notar que a intuição de Platão é genial, pois a cidade se origina da necessidade dos indivíduos:

> – Pois bem! disse eu. Uma cidade nasce, parece-me, porque cada um de nós não é autossuficiente, mas carente de muitas coisas. Ou crês que haja uma outra causa da fundação de uma cidade?
>
> – Nenhuma outra, disse ele.
>
> – Ah! Assim, se um homem chama um outro para ajudá-lo em uma necessidade e um outro em outra e, já que precisam de muitas coisas, reúnem-se muitos em uma outra e, já que precisam de muitas coisas, reúnem muitos em um único local de morada, tendo-os como companheiros e auxiliares, a essa vida em comum damos o nome de cidade. Não é?
>
> – Sem dúvida.
>
> – Se alguém dá em troca a um outro algo de seu ou recebe, isso faz porque acredita que é o melhor para si?
>
> – Sem dúvida.

3 MUMFORD, Lewis, 2004, p. 14.

– Vamos! disse eu. Imaginemos que estamos criando uma cidade desde o início. Seu fundamento, ao que se sabe, será nossa necessidade.

– Como não?

– Mas a primeira e maior das necessidades é prover a alimentação, para que tenhamos como existir e levar nossa vida.

– É bem assim.

– A segunda é a moradia, a terceira as roupas e coisas como essas.[4-5]

O trecho anterior ilustra a necessidade como elemento catalisador da criação da cidade. No restante desse diálogo, Platão vai dando exemplos numerosos de necessidades para afirmar que, devido ao seu elevado número, as profissões e atividades em uma cidade complexa são enormemente abundantes. Talvez encontremos em Platão a primeira reflexão racional sobre o surgimento da cidade, mas, ao mesmo tempo, esta mesma causa continua sendo um elemento fundamental para a perpetuação da cidade. Nesse sentido, é possível verificar uma primeira justificativa para tomar a cidade como um bem a ser preservado: a necessidade que os homens têm uns dos outros!

O maior discípulo de Platão, Aristóteles (384 a.C.–322 a.C.), também refletiu sobre a cidade. Em sua obra *Ética à Nicômaco*, o estagirita traz a ideia de que todas as coisas buscam ou visam a um bem.[6] Sendo assim, o homem também mira um bem em todas as suas atividades. Aristóteles vai afirmar que a *eudaimonia* (felicidade) é o bem supremo do homem. Boa parte dessa sua obra citada trata a respeito de como adquiri-lo. Dentro da própria distinção feita por Aristóteles na obra *Metafísica* (*Livro E*), tal assunto abordado diz respeito à ética, uma das ciências práticas, que visam o bem moral. A outra ciência prática é a política, e esta é a área que nos interessa neste texto.

---

4 PLATÃO, 2006, p. 62-63.

5 Apesar de os textos de autores clássicos como Platão, Aristóteles e Santo Agostinho terem um método próprio de citação, optou-se, propositalmente, por seguir o formato autor, ano, página para todas as suas referências.

6 Cf. ARISTÓTELES, 1984, p. 47 e seguintes.

Se o comentário inicial sobre Aristóteles aborda a ética é porque, de alguma forma, ele se relaciona com a política. Nesse sentido, o que interessa da obra *Ética à Nicômaco* é a ponte que Aristóteles faz entre a ética e a política. Desta feita, no *Livro IX*, que trata sobre a amizade, o pensador se questiona se a amizade é um fator determinante para a *eudaimonia*. Em uma clássica passagem, Aristóteles alega não só a necessidade da amizade como item fundamental para a posse da *eudaimonia*, como também afirma que o homem, ser político por natureza, necessita viver em sociedade para adquirir o sumo bem:

> Não menos estranho seria fazer do homem sumamente feliz um solitário, pois ninguém escolheria a posse do mundo inteiro sob a condição de viver só, já que o homem é um ser político e está em sua natureza o viver em sociedade.[7]

O que Aristóteles explicita é a necessidade da vida em sociedade para tornar o homem um ser completo. A felicidade (uma questão ética) depende da vida em sociedade (uma questão política). Para Aristóteles, a vida em sociedade, por sua vez, irá se desenvolver na *pólis*. Este assunto será tratado em outra obra denominada *Política*. Nessa obra, o Estado entendido como um elemento natural e o homem compreendido como animal político (*zoon politikon*) são explicitados. Nas palavras de Aristóteles:

> Por conseguinte, é evidente que o Estado é uma criação da natureza e que o homem é, por natureza, um animal político. E aquele que por natureza, e não por mero acidente, não tem cidade, nem Estado, ou é muito mau ou muito bom, ou sub-humano ou super-humano – sub-humano como o guerreiro insano condenado, nas palavras de Homero, como 'alguém sem família, sem lei, sem lar', porque uma pessoa assim, por natureza amante da guerra é um não colaborador, como uma peça isolada num jogo de damas. É evidente que o homem é um animal mais político do que as abelhas ou qualquer outro ser gregário.[8]

Aristóteles compreende o ser humano como um ser ajustado à vida em sociedade e, por sua vez, na cidade. Nela, os homens poderão exercer o "dom da palavra", exclusividade da espécie humana.

---

7 ARISTÓTELES, 1984, p. 210.
8 ARISTÓTELES, 2000, p. 146.

É possível afirmar que a cidade, para Aristóteles, torna o homem um ser completo ao possibilitar que suas capacidades (fala e relação social, por exemplo) sejam efetivadas, mesmo que muitos teóricos posteriores venham questionar a noção do Estado (e da cidade) como algo natural.

A cultura grega e consequentemente a filosofia, serão assimiladas pela cultura romana:

> Essa forma de cultura baseada na cidade foi partilhada pela mais famosa cidade-estado de toda antiguidade, Roma. Roma expandiu-se para um vasto império, mas em seus territórios sobreviveram a mesma organização e culturas cívicas, centradas na cidade ou *civitas*.[9]

Dentro do mundo romano surgirão teóricos ainda bastante influenciados pelos pensadores gregos, dentre eles Marco Túlio Cícero (106 a.C.–43 a.C.).

Cícero não é dos maiores representantes do pensamento romano. Nesse aspecto, dentre outros, os estoicos Sêneca (4 a.C.–65 d.C.) e o imperador Marco Aurélio (121 d.C.–180 d.C.) se destacam, entretanto, Cícero fez uma importante passagem do pensamento grego ao pensamento romano, que viriam a ser posteriormente assimilados pela cristandade nascedoura. Assim, o pensador eclético não traz muita novidade em relação ao que foi destacado em Aristóteles, mas repensa o pensamento grego por meio do conceito latino "república" (*res publica*).

No diálogo *Da República*, o personagem Cipião, ao falar sobre o conceito que dá origem à obra, retoma Aristóteles. A cidade é uma criação necessária, já que os homens possuem instintos naturais de associação. A cidade é o grande e último estágio dos agrupamentos humanos.

> É, pois – prosseguiu o Africano –, a República coisa do povo, considerando tal, não todos os homens de qualquer modo congregados, mas a reunião que tem seu fundamento no consentimento jurídico e na utilidade comum. Pois bem: a primeira causa dessa

---

[9] BRETT, Annabel S. Filosofia Política. In: MCGRADE, A.S. (Org.). *Filosofia Medieval*. Trad. André Oídes. Aparecida: Ideias e Letras, 2008, p. 327.

> agregação de uns homens a outros é menos a sua debilidade do que um certo instinto de sociabilidade em todos inato; a espécie humana não nasceu para o isolamento e para a vida errante, mas com uma disposição que, mesmo na abundância de todos os bens, a leva a procurar o apoio comum.[10]

1.3 OS PENSADORES CRISTÃOS

Uma nova concepção acerca da cidade ocorrerá com uma nova forma de ver o mundo: o cristianismo. A tradição cristã surgiu inicialmente como uma dissidência da tradição judaica. Sua criação ocorrerá na Judeia, então território romano. O cristianismo se solidificará culturalmente no instante em que buscar razões para os fatos que eram tomados como fé. É o momento em que a fé cristã se depara com a razão grega, via cultura romana.

O cristianismo pressupõe algumas premissas que serão levadas em consideração pela tradição cristã medieval: a) existe um Deus Uno e Trino (Pai, Filho e Espírito Santo); b) ele é o criador (Pai) de todas as coisas, através de sua sabedoria (Filho); c) que se faz carne na figura histórica de Jesus Cristo; d) para redimir a humanidade do pecado original.

Sem pretensões de abarcar mais de mil anos de rica história, é inevitável que nossa análise tome determinadas decisões. Assim, nossa escolha passa por alguns mestres medievais que, apesar de compartilharem da mesma fé, não possuem idênticas posições acerca do tema tratado.

Do período patrístico, Santo Agostinho (353–430) é a escolha mais certa para ilustrar uma posição distinta dos pensadores clássicos. Historicamente, Agostinho ainda se situa na antiguidade, mas pode ser considerado um precursor do pensamento medieval. Para início de reflexão, deve-se enfatizar que Agostinho não compactua da noção de que os homens vivem em sociedade por natureza. Sua visão, pode-se afirmar, é bastante pessimista (ou realista?):

> Mas quem será capaz de enumerar a infinidade e gravidade dos males a que nesta mísera condição mortal está sujeita a sociedade humana? (...) Não é verdade que os homens por toda parte senti-

[10] CÍCERO, 1980, p. 147.

> mos injúrias, suspeitas, inimizades e guerras? (...) Se a casa, refúgio comum nesses males que sobrevêm aos homens, não está segura, que será da cidade? Que será da cidade, tanto mais cheia de pleitos, cíveis e criminais, quanto maior é, embora escape às turbulentas sedições, com frequência sangrentas, e às guerras civis, acontecimentos de que as cidade às vezes se veem livres, mas dos perigos nunca?[11]

Para Agostinho há um paradoxo na cidade. Ela tem como finalidade a paz, mas esta jamais é alcançada. Há uma causa para tantas lástimas: o primeiro pecado cometido por Adão. Sem o pecado original

> a humanidade toda seria tão feliz como eram os primeiros homens, quando nem as perturbações anímicas os inquietavam, nem as incomodidades corporais lhe causavam mal, se não houvessem praticado o mal que transmitiram a seus descendentes (...).[12]

Para um pensador cristão como Agostinho as misérias humanas físicas, psíquicas e cognitivas, têm uma causa.

Entretanto, a cidade relatada até aqui é apenas uma das duas cidades compreendidas por Agostinho. Para o pensador africano, a história do mundo se resume, por um lado, à Cidade dos homens, e, por outro, à Cidade de Deus:

> Dois amores fundaram, pois, duas cidades, a saber: o amor próprio, levado ao desprezo a Deus, a terrena; o amor a Deus, levado ao desprezo de si próprio, a celestial. Gloria-se a primeira em si mesma e a segunda em Deus, porque aquela busca a glória dos homes e tem esta por máxima glória a Deus, testemunha de sua consciência.[13]

Cidade de Deus significa a comunidade de homens, governada por Cristo, que está predestinada à salvação. Ela será efetivada quando houver o juízo final. Até lá, mesmo os que fazem parte de tal comunidade, não podem ficar alheios à cidade terrena. Vale frisar que o doutor da Igreja jamais afirmou quem fazia ou não parte da cidade celestial. Seria muita pretensão. Agostinho não foi ingênuo para

---

11 SANTO AGOSTINHO, 2001, p. 393.
12 SANTO AGOSTINHO, 2001, p. 148.
13 SANTO AGOSTINHO, 2001, p. 169.

afirmar que os homens poderiam viver nesta vida terrena sem estarem submetidos à cidade terrena. Devido ao pecado original os infortúnios vão existir, entretanto, sem a cidade terrena, seria impossível perpetuar a vida terrena. Em suma, a cidade existe como forma de garantir a coexistência entre os homens que, sem ela, literalmente, acabariam uns com os outros. Assim, após o pecado original, a cidade passa a ser necessária. Agostinho jamais foi pueril ao ponto de negligenciar a cidade.

Tal posição é ilustrada, por exemplo, quando o bispo de Hipona analisa o papel das leis civis na obra *Sobre o Livre Arbítrio*. Elas são fundamentais para a preservação dos bens temporais na cidade terrena:

> E por seu lado, a lei temporal, o que ordena ela a teu parecer senão que esses bens que os homens desejam e podem ter por algum tempo e considerá-los como seus, de tal forma que os possuam, a fim de que a paz e a ordem na sociedade sejam salvaguardadas? (...) eis quais são eles: em primeiro lugar, o corpo e os bens denominados corporais, tais como uma boa saúde, a integridade dos sentidos, força, a beleza e outras qualidades (...). Em seguida está o bem da liberdade (...). Neste momento, eu refiro-me àquela liberdade dos que se julgam livres por não ter ninguém como senhores seus; (...). Consideramos ainda como bens: os pais, os irmãos, o cônjuge, os filhos, (...) e também a pátria, (...) as honras, os louvores e o que chamamos de glória popular. Em último lugar, vem o dinheiro: compreendendo sob essa designação todos os bens dos quais somos os donos legítimos ou de que julgamos ter o poder de vender ou doar.[14]

1.4 ALGUMAS REFLEXÕES DA MODERNIDADE

A partir da modernidade, surgem outras maneiras de se pensar a constituição da sociedade e, consequentemente, da cidade. O contratualismo é uma forma que se consolida no pensamento moderno,[15] e que pressupõe a noção de um contrato entre os homens. Em seu arcabouço teórico são levados em consideração: a) um entendimento

---

14 SANTO AGOSTINHO, 1995, p. 65.

15 A noção de contrato é anterior ao pensamento moderno, tendo sua origem no pensamento epicurista da antiguidade, e tendo sido proposta também por alguns pensadores medievais.

sobre o ser humano; b) uma concepção sobre o estado de natureza; c) a ideia de um pacto; d) uma concepção sobre o estado civil. Os teóricos contratualistas têm em comum a percepção de que a sociedade e a cidade são construções artificiais humanas,[16] que possibilitam a perpetuação da espécie. A justificativa para a formação do pacto é que varia de acordo com os teóricos. A seguir, para ilustrar o contratualismo, serão apresentados dois autores.

O britânico Thomas Hobbes (1588–1679), em sua obra *Leviatã*, faz considerações acerca de sua teoria do contrato. Para ele, no estado de natureza: a) os homens são todos iguais, mesmo que não tenham as mesmas capacidades físicas ou psicológicas (espirituais, de acordo com sua nomenclatura), já que compensam de várias formas aquilo que possuem de maneira deficitária; e b) os homens estão em um estado de guerra permanente, pois, ao desejarem a mesma coisa, tornam-se inimigos, gerando, por falta de confiança mútua, um ataque antecipado frente ao outro, a fim de não correr qualquer risco.[17]

Ao analisar as causas da discórdia entre os homens, o pensador nos oferece certas características dos homens: a) a competição; b) a desconfiança e c) a busca pela glória. Cada uma delas tem uma finalidade: a) o lucro; b) a segurança e c) a reputação. Está, pois, justificada a criação do estado civil:

> Com isso se torna manifesto que, durante o tempo em que os homens vivem sem um poder comum capaz de os manter a todos em respeito, eles se encontram naquela condição a que se chama guerra; e uma guerra que é de todos os homens contra todos os homens.[18]

---

[16] Hobbes ilustra tal concepção: "É certo que algumas criaturas vivas, como as abelhas e as formigas, que vivem socialmente umas com as outras (e por isso são contadas em Aristóteles entre as criaturas políticas), sem outra direção senão seus juízos e apetites particulares, nem linguagem através da qual possam indicar uma às outras o que consideram adequado para o benefício comum. Assim, talvez haja alguém interessado em saber por que a humanidade não pode fazer o mesmo" (HOBBES, Thomas, *Leviatã*. Trad. João Paulo Monteiro e Maria Beatriz Nizza da Silva. São Paulo: Abril (Coleção Os pensadores), 1979, p. 104).

[17] Cf. HOBBES, Thomas, 1979, p. 74-75.

[18] HOBBES, Thomas, 1979, p. 75.

Com o contrato, a transferência de direitos (excetuando-se o direito de defesa e o direito à vida), os homens visam à paz e à segurança. Assim, é criado o Deus mortal Leviatã, o Estado. Todo o processo pode ser sintetizado da seguinte maneira:

> Uma pessoa de cujos atos uma grande multidão, mediante pactos recíprocos uns com os outros, foi instituída por cada um como autora, de modo a ela poder usar a força e os recursos de todos, da maneira que considerar conveniente, para assegurar a paz e a defesa comuns.[19]

Outro clássico pensador contratualista é o também inglês John Locke (1632–1704). Em sua visão, no estado de natureza os homens vivem uma perfeita liberdade e em igualdade. Esta última geraria um amor mútuo e, consequentemente, a justiça e a caridade entre os homens. Mas, naquele estado, qualquer indivíduo pode ser um magistrado, e, portanto, ser imparcial em suas decisões. Os homens também podem não agir conforme a razão, o que acarretaria a invasão dos direitos dos demais. Em suma, no estado de natureza não há garantias aos indivíduos para viverem em harmonia.[20]

Quando se fala em direitos em Locke, tem-se em vista a liberdade, já enfatizada, e a propriedade. No estado de natureza, a princípio, todas as coisas são comuns a todos os homens, mas, por meio do trabalho, surgirá a propriedade particular:

> (...) a grama que meu cavalo pastou, a turfa que o criado cortou, o minério que extraí (...) tornam-se minha propriedade. O trabalho que era meu, retirando-os do estado comum em que se encontravam, fixou a minha propriedade sobre eles.[21]

Como destacado, tais direitos não são preservados no estado de natureza, que dependeria de certa razoabilidade entre os homens. O estado civil e, inevitavelmente, a cidade, tem como papéis fundamentais as proteções daqueles direitos naturais, a saber: liberdade e propriedade. Desta feita

---

[19] HOBBES, Thomas, 1979, p. 106.

[20] Cf. LOCKE, John. *Segundo Tratado sobre o Governo*. Trad. Anoar Aiex e E. Jacy Monteiro. São Paulo: Abril (Coleção Os pensadores), 1978, p. 35-39.

[21] LOCKE, John, 1978, p. 46.

> (...) haverá sociedade política somente quando cada um dos membros renunciar ao próprio poder natural, passando-o às mãos da comunidade em todos os casos que não lhe impeçam de recorrer à proteção da lei por ela estabelecida.[22]

No século XX, Sigmund Freud (1856–1939) na obra *O mal-estar na civilização*, faz uma análise da civilização, que tem seu apogeu na sociedade moderna. Nela, a beleza, a limpeza e a ordem têm posições de destaque. As atividades mentais, tais como a religião, a filosofia, a ciência e as artes, também possuem um papel fundamental. Por último, as relações sociais e os relacionamentos mútuos também são aspectos importantes da civilização.[23] É claro que tais características na sociedade atual estão essencialmente na cidade. Assim, quando Freud fala sobre a civilização contemporânea, fala, implicitamente, da cidade.

Para o criador da psicanálise, a vida em civilização é ambígua. Por um lado, por exemplo:

> A sublimação do instinto constitui um aspecto particularmente evidente do desenvolvimento cultural; é ela que torna possível às atividades psíquicas superiores, científicas, artísticas ou ideológicas, o desempenho de um papel tão importante na vida civilizada.[24]

A não satisfação instintiva vai formando conflitos internos permanentes. Por outro lado, para Freud, o direito e a lei possuem a capacidade de inibir tais instintos primários e é justamente a sublimação dos instintos o que irá permitir a vida em comunidade.[25]

A dificuldade da vida em comunidade pode ser sintetizada na sentença "homo homini lupus":

> A existência da inclinação para a agressão, que podemos detectar em nós mesmos e supor com justiça que ela está presente nos outros, constitui o fator que perturba nossos relacionamentos com o

---

22 LOCKE, John, 1978, p. 67.

23 Cf. FREUD, Sigmund. *O mal-estar na civilização*. Trad. José Octávio de Aguiar Abreu. São Paulo: Abril (Coleção Os pensadores), 1978, p. 154-155.

24 FREUD, Sigmund, 1978, p. 157.

25 Cf. FREUD, Sigmund, 1978, p. 168-170.

> nosso próximo e força a civilização a um tão elevado dispêndio [de energia].[26]

As repressões à sexualidade e à violência tornam a vida humana em sociedade infeliz.

O homem possui, pois, dois instintos primários denominados Eros (instinto de vida) e instinto de morte. Nas palavras de Freud:

> Agora, penso eu, o significado da evolução da civilização não mais nos é obscuro. Ele deve representar a luta entre Eros e a Morte, entre o instinto de vida e o instinto de destruição, tal como ela se elabora na espécie humana.[27]

Indo além de Freud, pode-se afirmar que a cidade é o local que explicita o instinto de vida, possibilitando uma existência – ainda que miserável –, apta à convivência grupal, única forma razoável de vida. Por isso, por mais difícil que seja a coexistência coletiva, é a forma que o homem encontrou para não se autoaniquilar totalmente.

REFERÊNCIAS

ARISTÓTELES. *Ética à Nicômaco*. Trad. Leonel Vallandro e Gerd Bornheim da versão inglesa de W. D. Ross. São Paulo: Abril (Coleção Os pensadores), 1984, p. 47-236.

ARISTÓTELES. *Política* (Livros I, II e III). Trad. Therezinha Monteiro Deutsch Baby Abrão. São Paulo: Nova Cultural, 2000, p. 142-251.

BRETT, Annabel S. Filosofia Política. In: MCGRADE, A.S. (Org.). *Filosofia Medieval*. Trad. André Oídes. Aparecida: Ideias e Letras, 2008, p. 325-350.

CÍCERO. *Da República*. Trad. Amador Cisneiros. São Paulo: Abril (Coleção Os pensadores – Epicuro, Lucrécio, Cícero, Sêneca, Marco Aurélio), 1980, p. 136-180.

FREUD, Sigmund. *O mal-estar na civilização*. Trad. José Octávio de Aguiar Abreu. São Paulo: Abril (Coleção Os pensadores), 1978, p. 129-194.

HOBBES, Thomas. *Leviatã*. Trad. João Paulo Monteiro e Maria Beatriz Nizza da Silva. São Paulo: Abril (Coleção Os pensadores), 1979.

---

[26] FREUD, Sigmund, 1978, p. 167.

[27] FREUD, Sigmund, 1978, p. 175.

LOCKE, John. *Segundo Tratado sobre o Governo*. Trad. Anoar Aiex e E. Jacy Monteiro. São Paulo: Abril (Coleção Os pensadores), 1978, p. 31-131.

MARQUES, Carlos Alexandre Michaello; MARQUES, Clarice Gonçalves Pires. O direito urbanístico e o desafio da gestão ambiental sustentável no município. In: *Veredas do Direito*, Vol. 8, n° 16, Jul.-Dez. 2011, p. 189-210.

MUMFORD, Lewis. *A Cidade na História*: suas origens, transformações e perspectivas. Trad. Neil R. da Silva. 4ª ed. São Paulo: Martins Fontes, 2004.

PLATÃO. *A República* [ou Sobre a justiça, diálogo político]. Trad. Anna Lia Amaral de Almeida Prado. São Paulo: Martins Fontes, 2006.

SANTO AGOSTINHO. *O Livre-Arbítrio*. Trad. Ir. Nair de Assis Oliveira. São Paulo: Paulus, 1995.

SANTO AGOSTINHO. *A cidade de Deus* (contra os pagãos) – Parte II. Trad. Oscar Paes Leme. Petrópolis: Vozes; São Paulo: Federação Agostiniana Brasileira, 2001.

CAPÍTULO II

FEDERALISMO BRASILEIRO E REPARTIÇÃO DE COMPETÊNCIAS EM MATÉRIA URBANÍSTICA

Fernando Lage Tolentino
Vinícius Lott Thibau

O Direito Urbanístico apresenta-se como especialidade do conhecimento destinada à organização das Cidades que, atingidas pelos efeitos danosos de uma ocupação descontrolada, erigem-se incapazes de proporcionar um viver digno para os seus habitantes.

Regulando "o planejamento urbanístico, a ordenação do solo, a ordenação urbanística de áreas de interesse especial, a ordenação urbanística da atividade edilícia e os instrumentos de intervenção urbanística",[1] o Direito Urbanístico brasileiro encontra-se positivado, constitucional e infraconstitucionalmente, por via de normas inclusivas do povo e do Estado na implementação de uma Cidade que se imponha como recinto permissivo de habitação, trabalho, circulação e recreação qualificados.

No Brasil, além dos direitos de participação e de fiscalização que são atribuídos ao povo em prol da construção democrática da Cidade,[2] o Direito Urbanístico vale-se do federalismo centrífugo para o enfrentamento dos diversos problemas decorrentes de uma urbanização desordenada, atribuindo às unidades institucionais o dever de atuação em matéria urbanística.

---

[1] DOMINGUES, Rafael Augusto Silva. Competência constitucional em matéria de urbanismo. In: DALLARI, Adilson Abreu; DI SARNO, Daniela Campos Libório (coord.). *Direito urbanístico e ambiental*. 2ª ed. Belo Horizonte: Fórum, 2011, p. 76-77.

[2] Sobre a atuação do povo na construção democrática da Cidade, confira, especialmente, a obra de THIBAU, Vinícius Lott. O processo na construção democrática da cidade. In: RIOS, Mariza; CARVALHO, Newton Teixeira; KLEINRATH, Stella de Moura (coord.). *A cidade real e a cidade ideal em uma reflexão transdisciplinar*. 2ª tir. Belo Horizonte: Del Rey, 2014, p. 121-140.

Daí, conforme enuncia Daniela Campos Libório Di Sarno,[3] a identificação das competências atribuídas à União, aos Estados, ao Distrito Federal e aos Municípios apresenta-se fundamental para o estudo da Cidade, na contemporaneidade.As competências respectivas estão previstas, especialmente, na Constituição da República Federativa do Brasil de 1988 (CRFB/1988), a qual enuncia uma repartição de competências legislativas e materiais, nas espécies privativa (exclusiva), concorrente e comum, explicitando, assim, um hibridismo regulatório competencial.

2.1 FEDERALISMO BRASILEIRO E UNIDADES INSTITUCIONAIS

A norma disposta no art. 1º, da Constituição do Brasil de 1988, enuncia que o Estado encontra-se organizado sob a forma federativa. Integrada pela união indissolúvel de unidades institucionais,[4] a federação brasileira é composta pela União, pelos Estados, pelo Distrito Federal e pelos Municípios, que são titulares de autonomia, conforme se extrai do art. 18, também da Constituição de 1988.

Apresentando como características principais o autogoverno, a autoadministração e auto-organização,[5] de modo marcante, o federalismo brasileiro somente adotou o modelo descentrado, e não compreendido por uma unicidade ou dualidade de unidades institucionais, quando promulgada a Constituição de 1988.

Conforme esclarece André Del Negri, após ressaltar a variedade e a complexidade que envolve a adjetivação do Estado Federal:

> O Brasil assume a forma federativa com a Proclamação da República em 1889, com uma matriz unitária e centralizadora. Apesar de receber o nome de República Federativa do Brasil, de forma explícita não havia, à época, uma genuína organização federativa. Com efeito, o reconhecimento normativo veio com a Constituição

---

[3] DI SARNO, Daniela Campos Libório. *Elementos de direito urbanístico*. Barueri: Manole, 2004, p. 37.

[4] Destaque-se que a forma federativa do Estado brasileiro impõe-se como cláusula pétrea, nos termos do art. 60, §4º, inc. I, da CRFB/1988.

[5] Como estampado na obra de TEMER, Michel. *Elementos de direito constitucional*. 18ª ed. São Paulo: Malheiros, 2002.

> de 1891, a qual afirmava, em seu art. 1º, que a 'nação brasileira era constituída pela união indissolúvel de suas antigas províncias, em Estados Unidos do Brasil', iniciando, desta forma, um federalismo por segregação.
>
> Entretanto, a anomalia existiu de forma acentuada no período da Constituição de 1967/69 (federalismo assimétrico), quando senadores e prefeitos não eram totalmente eleitos pelo povo. Além disso, percebe-se na pesquisa de Mário Lúcio Quintão Soares que o regime militar brasileiro concentrou a maior parte de competências legislativas e tributárias, instaurando um *federalismo centrípeto* e aniquilando com os três pressupostos básicos do federalismo (...).
>
> Foi somente com a Constituição de 1988, de forma mais nítida, que esse modelo centrípeto (centralizador) foi quebrado por um modelo centrífugo (descentralizador) e de três níveis (União, Estados, Municípios). Assim, o Município adquiriu autonomia constitucional, sendo atribuídas a ele receitas próprias.[6]

O enquadramento do Município como unidade federativa, no entanto, é questionado por José Nilo de Castro[7] e José Afonso da Silva[8]. Sustenta-se, em síntese, a impossibilidade de que o Município seja conceituado como unidade federativa, seja porque, historicamente, o federalismo seria constituído apenas pela União e pelos Estados, seja porque, não titularizando representação no Congresso Nacional, o Município não poderia influenciar na produção da ordem jurídica global, característica marcante da distinção existente entre federação e confederação.[9]

É de se registrar, contudo, que, com base no disposto nos arts. 1º e 18, acrescido do que se encontra especialmente previsto nos arts.

---

6 DEL NEGRI, André. *A divisão no espaço urbano*. Belo Horizonte: Fórum, 2012, p. 147-148.

7 CASTRO, José Nilo de. *Direito municipal*. Belo Horizonte: Del Rey, 1996.

8 SILVA, José Afonso da. *Curso de direito constitucional positivo*. 12ª ed. São Paulo: Malheiros, 1996.

9 Sobre a distinção existente entre federação e confederação, confira a obra de DOMINGUES, Rafael Augusto Silva. Competência constitucional em matéria de urbanismo. In: DALLARI, Adilson Abreu; DI SARNO, Daniela Campos Libório (coord.). *Direito urbanístico e ambiental*. 2ª ed. Belo Horizonte: Fórum, 2011, p. 61-93.

29, 30 e 34, VII, *c*, a Constituição brasileira de 1988 indica expressamente o Município como unidade institucional, atribuindo "o mais considerável avanço de proteção e abrangência já recebido por esse instituto em todas as épocas de nossa história".[10]

Com o advento da Constituição brasileira de 1988, o Município não apenas assumiu o *status* de unidade federativa, como passou a ocupar uma destacada posição no exercício das competências legislativas e administrativas constitucionalmente instituídas em matéria urbanística.

2.2 REPARTIÇÃO DE COMPETÊNCIAS E FEDERALISMO DESCENTRADO

A repartição de competências é apontada por Paulo José Leite Farias como "a questão nuclear de qualquer Estado Federado".[11] No Brasil, a distribuição constitucional de competências dá-se entre a União, os Estados, o Distrito Federal e os Municípios, nos âmbitos legislativo e material, de forma privativa (exclusiva),[12] concorrente e comum.

A repartição de competências consiste em temática complexa. Segundo a dogmática jurídica,[13] quanto à distribuição a que se faz referência, a Constituição brasileira de 1988 baseia-se na predominância do interesse, segundo a qual, de modo inicial: compete à União versar sobre temas de interesse nacional (geral); compete aos Municípios versar sobre assuntos de interesse local; compete aos Estados versar

[10] BONAVIDES, Paulo. *Curso de direito constitucional*. 18ª ed. São Paulo: Malheiros, 2006, p. 344.

[11] FARIAS, Paulo José Leite. *Competência federativa e proteção ambiental*. Porto Alegre: Sergio Antonio Fabris, 1999, p. 286.

[12] Por oportuno, esclarecemos que, no texto formalizado, as expressões competência privativa e competência exclusiva são empregadas indistintamente. Anunciamos, portanto, a nossa adesão aos argumentos constantes na obra de BASTOS, Celso Ribeiro. *Curso de direito constitucional*. 21ª ed. São Paulo: Saraiva, 2000; e de FERREIRA FILHO, Manoel Gonçalves. *Comentários à constituição brasileira de 1988*. São Paulo: Saraiva, 1983.

[13] Confira a respeito, em especial, as lições de HORTA, Raul Machado. *Direito constitucional*. 4ª ed. Belo Horizonte: Del Rey, 2003; e de NOVELINO, Marcelo. *Manual de direito constitucional*. 9ª ed. São Paulo: Método, 2014.

sobre pontos de interesse regional; são atribuídas ao Distrito Federal as mesmas competências relacionadas aos Estados e aos Municípios.

Além das competências anunciadas, a Constituição brasileira de 1988 atribui competência concorrente e comum aos Estados, ao Distrito Federal e aos Municípios, confirmando, assim, a lição de Fernanda Dias Menezes de Almeida, no sentido de que:

> (...) a partilha de competências afigura-se um imperativo do Federalismo. (...) Sim, porque a não delimitação das atribuições do conjunto e das partes, que devem coexistir e atuar simultaneamente, tornaria inevitavelmente conflituosa sua convivência, pondo em risco o equilíbrio mútuo que há de presidir a delicada parceria a que corresponde, em última análise, a Federação.[14]

De conseguinte, ao distribuir as competências legislativa e administrativa entre todas as unidades federativas, a Constituição brasileira de 1988 acolheu um modelo centrífugo de repartição.[15] Por via da descentralização, a Constituição brasileira de 1988 notabilizou-se por explicitar um hibridismo regulatório competencial, ao contrário do que se implementou nas Constituições brasileiras anteriores.

A partir da classificação institucionalizada da distribuição de competências, é possível afirmar que:

> (...) há países que adotam uma exclusão absoluta de assuntos, enumerando quais são de responsabilidade da União, deixando para os Estados-membros todos os demais assuntos não atribuídos à autoridade federal, como também há Estados que possibilitam à administração central requerer a participação dos outros componentes por delegação, ou até mesmo, por meio de uma cooperação (federalismo cooperativo), na qual uma mesma matéria é atribuída concorrentemente a todos os entes federativos.

---

14 ALMEIDA, Fernanda Dias Menezes de. *Competências na constituição de 1988*. São Paulo: Atlas, 2000, p. 29.

15 Para acessar um escorço histórico sobre o federalismo, bem como as correlações teóricas existentes entre o federalismo descentrado brasileiro e a repartição de competências constitucionais legislativas e administrativas, com ênfase socioambiental, confira a obra de RAMMÊ, Rogério Santos. Federalismo ambiental cooperativo e mínimo existencial socioambiental: a multidimensionalidade do bem-estar como fio condutor. In: *Veredas do Direito*: Direito Ambiental e Desenvolvimento Sustentável, Belo Horizonte, v.10, nº 20, jul./dez. 2013, p. 145-161.

> O Brasil, porém, passou por todas essas técnicas de repartição de competências, e foi no período das Constituições de 1824/1891 que se materializou o federalismo clássico dos EUA, competências enumeradas à União, deixando para os Estados as remanescentes. Situação distinta foi observada em 1934, quando a Constituição Brasileira (inspirada na Constituição de Weimar) trabalhou com competências *concorrentes*, o que vale dizer que a União fixava normas gerais sobre certas matérias e os Estados-membros se encarregavam da legislação complementar. À exceção do texto de 1937, que teve caráter mais centralizador, essa característica manteve-se na Constituição de 1946, estendendo-se até o período de 1967/1969. Por fim, a Constituição de 1988 adotou um modelo de combinação de praticamente tudo o que se experimentou na prática federativa.[16]

Com a adoção do modelo híbrido de repartição de competências, um estudo sobre a atuação da União, dos Estados, do Distrito Federal e dos Municípios apresenta-se intrincado. Reconhecemos que, embora a Constituição brasileira de 1988 tenha conferido expressamente determinadas competências às unidades federativas, "muitas vezes, é difícil saber exatamente qual o limite dessa competência, até que ponto o seu exercício não invade o campo de atuação de outro ente, igualmente competente".[17]

É o que se impõe, com mais intensidade, em matéria urbanística.

2.3 MATÉRIA URBANÍSTICA E DISTRIBUIÇÃO DE COMPETÊNCIAS

A matéria urbanística mereceu atenção especial na Constituição brasileira de 1988. No que concerne à repartição de competências legislativas e administrativas, identifica-se que, como unidades institucionais, a União, os Estados, o Distrito Federal e os Municípios

---

[16] DEL NEGRI, André. *A divisão no espaço urbano*. Belo Horizonte: Fórum, 2012, p. 151-152.

[17] DOMINGUES, Rafael Augusto Silva. Competência constitucional em matéria de urbanismo. In: DALLARI, Adilson Abreu; DI SARNO, Daniela Campos Libório (coord.). *Direito urbanístico e ambiental*. 2ª ed. Belo Horizonte: Fórum, 2011, p. 67.

apresentam-se essenciais na viabilização do modelo federativo descentralizado brasileiro, cabendo-lhes uma atuação consistente no *locus* da Cidade.

A matéria urbanística encontra-se regulada pelas normas previstas nos arts. 21, IX, XVIII, XX e XXI; 22, IX, XI e parágrafo único; 23, III, IV, VI, IX, XII e parágrafo único; 24, I, VI, VII e VIII e §§1º, 2º, 3º e 4º; 25, §§1º e 3º; 30, I, II, IV, V, VIII e IX; e 182, §§1º, 2º, 3º e 4º, todos da Constituição brasileira de 1988, sendo distribuída às unidades federativas, em termos de competência, como a seguir se enuncia.

2.3.1 Competência da União em matéria urbanística

A análise da competência em matéria urbanística inicia-se pelo art. 21 da CRFB/1988, que dispõe:

> Art. 21. Compete à União:
>
> (...)
>
> IX – elaborar e executar planos nacionais e regionais de ordenação do território e de desenvolvimento econômico e social;
>
> (...)
>
> XVIII – planejar e promover a defesa permanente contra as calamidades públicas, especialmente as secas e as inundações;
>
> (...)
>
> XX – instituir diretrizes para o desenvolvimento urbano, inclusive habitação, saneamento básico[18] e transportes urbanos;[19]

---

[18] A Lei nº 11.445, de 05 de janeiro de 2007, estabelece diretrizes nacionais para o saneamento básico e para a política federal de saneamento básico, indicando como um de seus princípios fundamentais a articulação com as políticas de desenvolvimento urbano e regional, de habitação, de combate à pobreza e de sua erradicação, de proteção ambiental, de promoção da saúde e outras de relevante interesse social voltadas para a melhoria da qualidade de vida, para as quais o saneamento básico seja fator determinante.

[19] A Lei nº 12.587, de 03 de janeiro de 2012, estabelece as diretrizes da Política Nacional de Mobilidade Urbana, que tem por objetivo contribuir para o acesso universal à Cidade, o fomento e a concretização das condições que contribuam para a efetivação dos princípios, objetivos e diretrizes da política de desenvolvimento urbano, por meio do planejamento e da gestão democrática do Sistema

XXI – estabelecer princípios e diretrizes para o sistema nacional de viação.[20]

Os dispositivos inseridos no art. 21 da Constituição brasileira de 1988 abordam tanto a competência material da União, isto é, a competência administrativa desta unidade da federação no desenvolvimento e implementação de políticas públicas na área urbanística, quanto a sua competência legislativa, aqui compreendida como a institucionalização dessas políticas públicas.

Como destaca Rafael Augusto Silva Domingues,[21] apesar de habitualmente enunciadas como integrantes da competência administrativa da União em matéria urbanística, muitas das normas referidas no art. 21 da CRFB/1988 são integrantes da competência legislativa, e não material da unidade federativa nacional.

De acordo com a predominância do interesse, vê-se que a Constituição brasileira de 1988 cinge-se a atribuir à União, como competência material, a execução dos planos nacionais e regionais de ordenação do território e de desenvolvimento econômico e social e a promoção da defesa permanente contra as calamidades públicas, notadamente contra as secas e inundações.

Como competências legislativas, por outro lado, a Constituição brasileira de 1988 determina que a unidade institucional federal elabore planos nacionais e regionais de ordenação do território e de desenvolvimento econômico e social; institua diretrizes para o desenvolvimento urbano, inclusive habitação, saneamento básico e transportes urbanos; estabeleça princípios e diretrizes para o sistema nacional de

---

Nacional de Mobilidade Urbana. Dentre os vários princípios que fundamentam a Política Nacional de Mobilidade Urbana, importa destacar o desenvolvimento sustentável das Cidades, nas dimensões socioeconômicas e ambientais.

[20] A Lei nº 12.379, de 06 de janeiro de 2011, dispõe sobre o Sistema Nacional de Viação – SNV, constituído pela infraestrutura física e operacional dos vários modos de transporte de pessoas e bens, sob a área de atuação das diversas unidades da Federação, compreendendo os subsistemas de transporte rodoviário, ferroviário, aquaviário e aeroviário.

[21] DOMINGUES, Rafael Augusto Silva. Competência constitucional em matéria de urbanismo. In: DALLARI, Adilson Abreu; DI SARNO, Daniela Campos Libório (coord.). *Direito urbanístico e ambiental*. 2ª ed. Belo Horizonte: Fórum, 2011, p. 61-93.

viação; e realize plano de enfrentamento das calamidades públicas, principalmente das secas e inundações, competências que se somam às indicadas no art. 22, também da CRFB/1988, assim redigido:

> Art. 22. Compete privativamente à União legislar sobre:
>
> (...)
>
> IX – diretrizes da política nacional de transportes;[22]
>
> (...)
>
> XI – trânsito[23] e transporte;
>
> (...)
>
> Parágrafo único. Lei complementar poderá autorizar os Estados a legislar sobre questões específicas das matérias relacionadas neste artigo.

A ordenação do solo urbano, portanto, mediante definição de normas para a regulamentação do trânsito e do transporte no recinto da Cidade, igualmente se apresenta como objeto da competência legislativa da União. Vinculando-se diretamente à circulação, uma das quatro funções da Cidade descritas na Carta de Atenas de 1933,[24] cabe à unidade federativa nacional estabelecer as diretrizes gerais atinentes à temática, reservando-se, porém, a possibilidade de delegação aos Estados da competência para legislar sobre questões específicas.

---

22 A Lei nº 10.233, de 05 de junho de 2001, dispõe sobre a reestruturação dos transportes aquaviário e terrestre, cria o Conselho Nacional de Integração de Políticas de Transporte – CONIT, a Agência Nacional de Transportes Terrestres, a Agência Nacional de Transportes Aquaviários e o Departamento Nacional de Infraestrutura de Transportes, além de ofertar outras providências.

23 A Lei nº 9.503, de 23 de setembro de 1997, instituiu o Código de Trânsito Brasileiro, dispondo a respeito do Sistema Nacional de Trânsito, que tem por finalidade exercer as atividades de planejamento, administração, normatização, pesquisa, registro e licenciamento de veículos, formação, habilitação e reciclagem de condutores, educação, engenharia, operação do sistema viário, policiamento, fiscalização, julgamento de infrações e de recursos e aplicação de penalidades.

24 A Carta de Atenas erige-se como importante marco para o urbanismo. Oriunda do IV Congresso Internacional de Arquitetura Moderna (CIAM), anunciou o estado crítico das Cidades pela abordagem das suas quatro funções essenciais: a habitação, o trabalho, o lazer e a circulação. Para vislumbrar o texto integral do documento, confira: <http://portal.iphan.gov.br/portal/baixaFcdAnexo.do?id=233> Acesso em: 22 ago. 2014.

Assim o fazendo, desde que existente legislação complementar autorizativa, a norma constante no parágrafo único do art. 22 da CRFB/1988 permite que as unidades institucionais regionais atuem no âmbito do planejamento. Por uma ausência de demarcação do significado da expressão *questões específicas*, contudo, insere-se a norma examinada em um intenso debate teórico instalado à fixação dos limites da delegação constitucionalmente prevista.[25]

2.3.2 *Competência comum das unidades federativas em matéria urbanística*

A Constituição brasileira de 1988 também explicita uma competência comum das unidades federativas. O art. 23 da CRFB/1988 é taxativo no sentido de que:

> Art. 23. É competência comum da União, dos Estados, do Distrito Federal e dos Municípios:
>
> (...)
>
> III – proteger os documentos, as obras e outros bens de valor histórico, artístico e cultural, os monumentos, as paisagens naturais notáveis e os sítios arqueológicos;[26]
>
> IV – impedir a evasão, a destruição e a descaracterização de obras de arte e de outros bens de valor histórico, artístico ou cultural;
>
> VI – proteger o meio ambiente e combater a poluição em qualquer de suas formas;
>
> (...)
>
> IX – promover programas de construção de moradias e a melhoria das condições habitacionais e de saneamento básico;
>
> (...)

---

25 Para acessar a divergência teórica que recai sobre os conceitos de questão geral e questão específica, bem como sobre as matérias que se sujeitam à delegação, confira, especialmente, as obras de ALMEIDA, Fernanda Dias Menezes de. *Competências na constituição de 1988*. São Paulo: Atlas, 2000; e de FARIAS, Paulo José Leite. *Competência federativa e proteção ambiental*. Porto Alegre: Sergio Antonio Fabris, 1999.

26 O Decreto-Lei nº 25, de 30 de novembro de 1937, dispõe sobre a proteção do patrimônio histórico e artístico nacional.

> XII – estabelecer e implantar política de educação para a segurança do trânsito.
>
> Parágrafo único. Leis complementares fixarão normas para a cooperação entre a União e os Estados, o Distrito Federal e os Municípios, tendo em vista o equilíbrio do desenvolvimento e do bem-estar em âmbito nacional.

Os dispositivos em análise tratam da competência administrativa das unidades institucionais. Por se tratar de competência material, identifica-se a obrigatoriedade de atuação da União, dos Estados, do Distrito Federal e dos Municípios, mediante prática de atos que busquem implementar políticas públicas destinadas à proteção de todo o patrimônio urbanístico, ao combate da poluição no recinto da Cidade, à consecução de obras públicas relativas à habitação e ao saneamento básico no *locus* urbano, bem como à efetivação de técnicas educacionais dedicadas à segurança do trânsito.

Conforme leciona Raul Machado Horta, as competências administrativas a que se faz referência apresentam-se como indeclináveis pela administração pública,[27] motivo pelo qual se afirma que, no "âmbito da competência comum, todos os entes federativos podem atuar administrativamente. Assim, tanto União, quanto os Estados-membros, Municípios e Distrito Federal encontram-se aptos a realizar atividades quanto às matérias mencionadas".[28]

2.3.3 Competência concorrente das unidades federativas em matéria urbanística

O art. 24 da CRFB/1988 prescreve a competência concorrente das unidades da federação, versando sobre a competência legislativa, da seguinte forma:

---

27 HORTA, Raul Machado. *Direito constitucional*. 4ª ed. Belo Horizonte: Del Rey, 2003.

28 TAVARES, André Ramos. *Curso de direito constitucional*. 5ª ed. São Paulo: Saraiva, 2007, p. 1001. Para identificar tese atributiva de competência material comum nas hipóteses de competência legislativa privativa (exclusiva) da União, confira a obra de DOMINGUES, Rafael Augusto Silva. Competência constitucional em matéria de urbanismo. In: DALLARI, Adilson Abreu; DI SARNO, Daniela Campos Libório (coord.). *Direito urbanístico e ambiental*. 2ª ed. Belo Horizonte: Fórum, 2011, p. 61-93.

> Art. 24. Compete à União, aos Estados e ao Distrito Federal legislar concorrentemente sobre:
>
> I – direito tributário, financeiro, penitenciário, econômico e urbanístico;
>
> (...)
>
> VI – florestas, caça, pesca, fauna, conservação da natureza, defesa do solo e dos recursos naturais, proteção do meio ambiente e controle da poluição;
>
> VII – proteção ao patrimônio histórico, cultural, artístico, turístico e paisagístico;
>
> VIII – responsabilidade por dano ao meio ambiente, ao consumidor, a bens e direitos de valor artístico, estético, histórico, turístico e paisagístico;
>
> (...)
>
> §1º – No âmbito da legislação concorrente, a competência da União limitar-se-á a estabelecer normas gerais.
>
> §2º – A competência da União para legislar sobre normas gerais não exclui a competência suplementar dos Estados.
>
> §3º – Inexistindo lei federal sobre normas gerais, os Estados exercerão a competência legislativa plena, para atender a suas peculiaridades.
>
> §4º – A superveniência de lei federal sobre normas gerais suspende a eficácia da lei estadual, no que lhe for contrário.

Como se vê, a norma constitucional disposta no *caput* do artigo em exame indica que a competência legislativa concorrente será exercida pela União, pelos Estados e pelo Distrito Federal, não havendo menção expressa em relação à possibilidade de que os Municípios também atuem na produção da legislação relativa às matérias indicadas nos incisos do art. 24 da CRFB/1988.

Uma leitura apressada e não sistematizada da Constituição brasileira de 1988 é determinativa do equívoco de se excluir a unidade federativa municipal do rol dos legitimados ao exercício da competência concorrente legislativa a respeito do Direito Urbanístico, posicionamento o qual se faz afastado pela tangência das normas previstas nos parágrafos do art. 24 e no inciso II do art. 30, todos da CRFB/1988.

Pela Constituição brasileira de 1988, compete à União legislar sobre as normas gerais do Direito Urbanístico, cabendo às demais unidades federativas a edição de normas que suplementem a legislação federal. Ressalvadas as divergências existentes sobre a fixação do significado de normas gerais,[29] é possível afirmar que, ao lado dos Estados e do Distrito Federal, os Municípios erigem-se como legitimados para legislar sobre o planejamento urbano, a regulação de atividade edilícia, a ordenação urbana, o uso e a ocupação do solo, a regulamentação de áreas de interesse especial, bem como sobre o emprego de técnicas para intervenção urbanística.

Caso inexista legislação federal que verse sobre as matérias urbanísticas descritas no art. 24, I, VI, VII e VIII, da CRFB/1988, é reservada aos Municípios, ainda, a titularidade da competência legislativa plena, para atender as suas peculiaridades, devendo a legislação produzida pela unidade institucional vigorar até que sobrevenha lei federal que disponha sobre a norma geral, assim como ocorre em relação aos Estados e ao Distrito Federal.

2.3.4 *Competência dos Estados em matéria urbanística*

Ao tratar da competência conferida aos Estados, a Constituição brasileira de 1988 não indica, de forma pormenorizada, todos os temas sobre os quais essas unidades federativas podem legislar. Adota-se, assim, uma técnica de permissibilidade residual de competência, atribuindo-se aos Estados as competências que não lhes

---

29 Sobre o tema, confira, notadamente, as obras de MOREIRA NETO, Diogo de Figueiredo. A competência legislativa e executiva do município em matéria ambiental. In: *Revista de Informação Legislativa*, nº 111, jul./set., Brasília: Senado Federal, 1991; de GUIMARÃES, Verônica Bezerra. As competências federativas para o controle da poluição do ar causada por veículos automotores. In: KRELL, Andreas J. (org.); MAIA, Alexandre da (coord.). *A aplicação do direito ambiental no estado federativo*. Rio de Janeiro: Lumen Juris, 2005, p. 205-265; de LOBO, Paulo Luiz Neto. Competência legislativa concorrente dos estados-membros na constituição de 1988. In: *Revista de Informação Legislativa*, nº 101, jan./mar., Brasília: Senado Federal, 1989; e de DOMINGUES, Rafael Augusto Silva. *A competência dos estados-membros no direito urbanístico*: limites da autonomia municipal. Belo Horizonte: Fórum, 2010.

sejam vedadas, conforme determina a norma do art. 25, §1º, da CRFB/1988:

> Art. 25. Os Estados organizam-se e regem-se pelas Constituições e leis que adotarem, observados os princípios desta Constituição.
>
> §1º – São reservadas aos Estados as competências que não lhes sejam vedadas por esta Constituição.

Conforme afirmado, aos Estados são conferidas as competências concorrente e comum relativas à matéria urbanística, que devem ser exercidas com observância das limitações impostas pelas normas atributivas de competências à União e, também, aos Municípios.

A despeito disso, contudo, é de se notar que a norma disposta no §3º do art. 25 da CRFB/1988 explicita uma competência legislativa privativa dos Estados:

> §3º – Os Estados poderão, mediante lei complementar, instituir regiões metropolitanas,[30] aglomerações urbanas e microrregiões, constituídas por agrupamentos de municípios limítrofes, para integrar a organização, o planejamento e a execução de funções públicas de interesse comum.

Ao atribuir, expressamente, aos Estados competência para estabelecer, por lei complementar específica, regiões metropolitanas, aglomerações urbanas e microrregiões, a Constituição brasileira de 1988 confere a essas unidades federativas competência legislativa exclusiva em matéria urbanística, que se relaciona ao planejamento das Cidades.

2.3.5 *Competência dos Municípios em matéria urbanística*

Os Municípios são titulares de vasta competência em matéria urbanística, seja no âmbito da competência legislativa, seja no âmbito da competência material. Considerando-se, novamente, a predominância do interesse que informa a repartição de competências na federação brasileira, a competência municipal encontra-se adstrita aos assuntos de interesse local.

---

30 Ainda sob a égide da Constituição anterior, promulgou-se a Lei Complementar nº 14, de 08 de junho de 1973, que instituiu as regiões metropolitanas de São Paulo, Belo Horizonte, Porto Alegre, Recife, Salvador, Curitiba, Belém e Fortaleza.

É o que se extrai, especialmente, do art. 30 da CRFB/1988:

> Art. 30. Compete aos Municípios:
>
> I – legislar sobre assuntos de interesse local;
>
> II – suplementar a legislação federal e a estadual no que couber;
>
> (...)
>
> IV – criar, organizar e suprimir distritos, observada a legislação estadual;
>
> V – organizar e prestar, diretamente ou sob regime de concessão ou permissão, os serviços públicos de interesse local, incluído o de transporte coletivo, que tem caráter essencial;
>
> (...)
>
> VIII – promover, no que couber, adequado ordenamento territorial, mediante planejamento e controle do uso, do parcelamento[31] e da ocupação do solo urbano;
>
> IX – promover a proteção do patrimônio histórico-cultural local, observada a legislação e a ação fiscalizadora federal e estadual.

A análise detida das normas constantes do art. 30 da CRFB/1988, sobretudo das previstas nos incisos I e II, é ratificadora da lição de Daniela Campos Libório Di Sarno, no sentido de que a Constituição brasileira de 1988 atribui aos Municípios um papel de destaque na normatização da matéria urbanística.[32]

O magistério enunciado é abonado pelas normas previstas nos incisos IV, V, VIII e IX, do art. 30 da CRFB/1988, que versam sobre a competência material dos Municípios para a criação, a organização ou a supressão de Distritos, observada a legislação estadual; para a organização e a prestação, direta ou mediante concessão, de serviços públicos de interesse local, com destaque para a área de transporte coletivo; para a promoção da adequada ordenação territorial e para a proteção do patrimônio histórico-cultural local.

---

31 A Lei nº 6.766, de 19 de dezembro de 1979, dispõe sobre o parcelamento do solo para fins urbanos.

32 DI SARNO, Daniela Campos Libório. *Elementos de direito urbanístico*. Barueri: Manole, 2004.

As competências dispostas na Constituição brasileira de 1988 confirmam que, aos Municípios, foi "imposta a tarefa de executar a política de desenvolvimento urbano e de criar normas urbanísticas que contemplem a realidade local, de maneira a controlar as externalidades negativas e positivas do correspondente ambiente urbano".[33] O conceito de interesse local, entretanto, não foi objeto de demarcação constitucional, dificultando a identificação da extensão da competência urbanística atribuída aos Municípios.[34]

Seja como for, conforme aduz José Afonso da Silva:

> Em verdade, as normas urbanísticas municipais são as mais características, porque é nos Municípios que se manifesta a atividade urbanística na sua forma mais concreta e dinâmica. Por isso, as competências da União e dos Estados esbarram na competência própria que a Constituição reservou aos Municípios, embora estes tenham, por outro lado, que conformar sua atuação urbanística aos ditames, diretrizes e objetivos gerais do desenvolvimento urbano estabelecidos pela União e às regras genéricas de coordenação expedidas pelo Estado.[35]

A atuação municipal em matéria urbanística apresenta-se ampla e, pela Constituição brasileira de 1988, encampa mesmo, de modo inequívoco, a competência para a execução da política urbana, que é explicitada nos seguintes termos:

---

33 BONIZZATO, Luigi. *A constituição urbanística e elementos para a elaboração de uma teoria do direito constitucional urbanístico*. Rio de Janeiro: Lumen Juris, 2010, p. 55.

34 Sobre o conceito de interesse local, confira, principalmente, as obras de KRELL, Andreas J. Autonomia municipal e proteção ambiental: critérios para definição das competências legislativas e das políticas locais. In: KRELL, Andreas J. (org.); MAIA, Alexandre da (coord.). *A aplicação do direito ambiental no estado federativo*. Rio de Janeiro: Lumen Juris, 2005, p. 147-203; de FREITAS, Vladimir Passos de. *A Constituição federal e a efetividade das normas ambientais*. São Paulo: Revista dos Tribunais, 2000; de FARIAS, Paulo José Leite. *Competência federativa e proteção ambiental*. Porto Alegre: Sergio Antonio Fabris, 1999; e de GUIMARÃES, Verônica Bezerra. As competências federativas para o controle da poluição do ar causada por veículos automotores. In: KRELL, Andreas J. (org.); MAIA, Alexandre da (coord.). *A aplicação do direito ambiental no estado federativo*. Rio de Janeiro: Lumen Juris, 2005, p. 205-265.

35 SILVA, José Afonso da. *Direito urbanístico brasileiro*. 6ª ed. São Paulo: Malheiros, 2010, p. 63.

> Art. 182. A política de desenvolvimento urbano, executada pelo Poder Público municipal, conforme diretrizes gerais fixadas em lei, tem por objetivo ordenar o pleno desenvolvimento das funções sociais da cidade e garantir o bem-estar de seus habitantes.
>
> §1º – O plano diretor, aprovado pela Câmara Municipal, obrigatório para cidades com mais de vinte mil habitantes, é o instrumento básico da política de desenvolvimento e de expansão urbana.
>
> §2º – A propriedade urbana cumpre sua função social quando atende às exigências fundamentais de ordenação da cidade expressas no plano diretor.
>
> §3º – As desapropriações de imóveis urbanos serão feitas com prévia e justa indenização em dinheiro.
>
> §4º – É facultado ao Poder Público municipal, mediante lei específica para área incluída no plano diretor, exigir, nos termos da lei federal, do proprietário do solo urbano não edificado, subutilizado ou não utilizado, que promova seu adequado aproveitamento, sob pena, sucessivamente, de:
>
> I parcelamento ou edificação compulsórios;
>
> II – imposto sobre a propriedade predial e territorial urbana progressivo no tempo;
>
> III – desapropriação com pagamento mediante títulos da dívida pública de emissão previamente aprovada pelo Senado Federal, com prazo de resgate de até dez anos, em parcelas anuais, iguais e sucessivas, assegurados o valor real da indenização e os juros legais.

Pela norma indicada, a Constituição brasileira de 1988 concede aos Municípios não só a competência material, como pode parecer em uma primeira análise, mas também a competência legislativa. Para que possam cumprir o objetivo de promoção do adequado desenvolvimento das funções sociais da Cidade, contudo, é indispensável que as unidades federativas municipais atendam as diretrizes gerais estampadas no denominado Estatuto da Cidade.

Assim é que, de acordo com o art. 2º, da Lei nº 10.257/2001,[36] a execução da política urbana deverá ocorrer mediante acatamento do

[36] A Lei nº 10.257, de 10 de julho de 2001, nomeada de Estatuto da Cidade, regulamenta os arts. 182 e 183 da Constituição Federal, estabelece as diretrizes gerais da política urbana e dá outras providências.

direito à Cidade Sustentável; de uma gestão democrática por meio da participação da população e de associações representativas dos vários segmentos da comunidade na formulação, execução e acompanhamento de planos, programas e projetos de desenvolvimento urbano; da cooperação entre os governos, a iniciativa privada e os demais setores da sociedade no processo de urbanização, em atendimento ao interesse social; do planejamento do desenvolvimento das Cidades, da distribuição espacial da população e das atividades econômicas do Município e do território sob sua área de influência, de modo a evitar e corrigir as distorções do crescimento urbano e seus efeitos negativos sobre o meio ambiente; e da oferta de equipamentos urbanos e comunitários, transporte e serviços públicos adequados aos interesses e necessidades da população e às características locais.

Além disso, a política urbana deve propiciar a ordenação e o controle do uso do solo, de forma a evitar a utilização inadequada dos imóveis urbanos, a proximidade de usos incompatíveis ou inconvenientes, o parcelamento do solo, a edificação ou o uso excessivos ou inadequados em relação à infraestrutura urbana, a instalação de empreendimentos ou atividades que possam funcionar como polos geradores de tráfego, sem a previsão da infraestrutura correspondente, a retenção especulativa de imóvel urbano, que resulte na sua subutilização ou não utilização, a deterioração das áreas urbanizadas, a poluição e a degradação ambiental, bem como a exposição da população a riscos de desastres.

A política urbana deve ser efetivada a partir da integração e complementaridade entre as atividades urbanas e rurais, tendo em vista o desenvolvimento socioeconômico do Município e do território sob sua área de influência; da adoção de padrões de produção e consumo de bens e serviços e de expansão urbana compatíveis com os limites da sustentabilidade ambiental, social e econômica do Município e do território sob sua área de influência; da equilibrada distribuição dos benefícios e ônus decorrentes do processo de urbanização; da adequação dos instrumentos de política econômica, tributária e financeira e dos gastos públicos aos objetivos do desenvolvimento urbano, de modo a privilegiar os investimentos geradores de bem-estar geral e a fruição dos bens pelos diferentes segmentos sociais; e da recuperação dos investimentos públicos de que tenha resultado a valorização de imóveis urbanos.

Por fim, deverá a política urbana direcionar-se pela proteção, preservação e recuperação do meio ambiente natural e construído, do patrimônio cultural, histórico, artístico, paisagístico e arqueológico; pela audiência dos representantes da unidade federativa municipal e da população interessada nos procedimentos de implantação de empreendimentos ou atividades com efeitos potencialmente negativos sobre o meio ambiente natural ou construído, o conforto ou a segurança da população; pela regularização fundiária e urbanização de áreas ocupadas por população de baixa renda mediante o estabelecimento de normas especiais de urbanização, uso e ocupação do solo e edificação, consideradas a situação socioeconômica da população e as normas ambientais; pela simplificação da legislação de parcelamento, uso e ocupação do solo e das normas edilícias, com vistas a permitir a redução dos custos e o aumento da oferta dos lotes e unidades habitacionais; pela isonomia de condições para os agentes públicos e privados na promoção de empreendimentos e atividades relativos ao procedimento de urbanização, atendido o interesse social; e por um estímulo à utilização, nos parcelamentos do solo e nas edificações urbanas, de sistemas operacionais, padrões construtivos e aportes tecnológicos que objetivem a redução de impactos ambientais e a economia de recursos naturais.

Devendo ser implementada de acordo com o Plano de Diretor, nas Cidades com mais de vinte mil habitantes, a política urbana brasileira deve ser executada pela unidade federativa municipal, por determinação constitucional. Conforme afirma Bruno de Souza Vichi, entretanto, a competência atribuída ao Município para a execução da política urbana brasileira não lhe é impositiva da obrigação de "custear (sozinho) a execução de política urbana. Tanto a União quanto Estados e Distrito Federal, sob a interpretação literal do art. 182 da Constituição Federal, não podem ignorar sua responsabilidade na participação direta da solução das questões urbanísticas".[37]

---

[37] VICHI, Bruno de Souza. O direito urbanístico e as regras de competência na constituição brasileira e no estatuto da cidade. In: DALLARI, Adilson Abreu; DI SARNO, Daniela Campos Libório (coord.). *Direito urbanístico e ambiental*. 2ª ed. Belo Horizonte: Fórum, 2011, p. 103.

É o que, igualmente, demonstra o estudo que formalizamos sobre a repartição de competências constitucionais em matéria urbanística.

2.4 CONSIDERAÇÕES FINAIS

A análise empreendida sobre as correlações teóricas existentes entre o federalismo brasileiro e a repartição de competências indicou que, com o advento da Constituição brasileira de 1988, todas as unidades institucionais apresentam-se como legitimadas para agir em matéria urbanística.

Ressalvadas as especificidades relativas à atuação de cada unidade da federação, é possível afirmar que, no Brasil, a União, os Estados, o Distrito Federal e os Municípios são titulares de competência legislativa e administrativa em matéria urbanística, cuja distribuição se baseia, de modo inicial, na predominância do interesse que se apresenta como objeto da ação da unidade institucional.

Além das competências privativas (exclusivas), identificamos que a Constituição brasileira de 1988 atribui às unidades federativas diversas competências concorrentes e comuns, valendo-se, muitas vezes, para a repartição das competências legislativa e material, de expressões qualificadas por uma ausência de demarcação de seu significado, produzindo dificuldades na identificação dos limites da atuação institucional em matéria urbanística.

A abordagem entretecida das temáticas enunciadas é indicativa de que, em matéria urbanística, a distribuição constitucional de competências entre a União, os Estados, o Distrito Federal e os Municípios erige-se complexa.

REFERÊNCIAS

ALMEIDA, Fernanda Dias Menezes de. *Competências na constituição de 1988*. São Paulo: Atlas, 2000.

BASTOS, Celso Ribeiro. *Curso de direito constitucional*. 21ª ed. São Paulo: Saraiva, 2000.

BONAVIDES, Paulo. *Curso de direito constitucional*. 18ª ed. São Paulo: Malheiros, 2006.

BONIZZATO, Luigi. *A constituição urbanística e elementos para a elaboração de uma teoria do direito constitucional urbanístico*. Rio de Janeiro: Lumen Juris, 2010.

BRASIL. Poder Legislativo. Decreto-lei nº 25/37. Organiza a proteção do patrimônio histórico e artístico nacional. *DOU*, Brasília, 30 de novembro de 1937.

BRASIL. Poder Legislativo. Lei Complementar nº 14/73. Estabelece as regiões metropolitanas de São Paulo, Belo Horizonte, Porto Alegre, Recife, Salvador, Curitiba, Belém e Fortaleza. *DOU*, Brasília, 08 de junho de 1973.

BRASIL. Poder Legislativo. Lei nº 6.766/79. Dispõe sobre o parcelamento do solo urbano e dá outras providências. *DOU*, Brasília, 19 de dezembro de 1979.

BRASIL. Poder Legislativo. Lei nº 9.503/97. Institui o Código de Trânsito Brasileiro. *DOU*, Brasília, 23 de setembro de 1997.

BRASIL. Poder Legislativo. Lei nº 10.233/01. Dispõe sobre a reestruturação dos transportes aquaviário e terrestre, cria o Conselho Nacional de Integração de Políticas de Transporte, a Agência Nacional de Transportes Terrestres, a Agência Nacional de Transportes Aquaviários e o Departamento Nacional de Infraestrutura de Transportes, e dá outras providências. *DOU*, Brasília, 05 de junho de 2001.

BRASIL. Poder Legislativo. Lei nº 10.257/01. Regulamenta os arts. 182 e 183 da Constituição Federal, estabelece diretrizes gerais da política urbana e dá outras providências. *DOU*, Brasília, 10 de julho de 2001.

BRASIL. Poder Legislativo. Lei nº 11.445/07. Estabelece diretrizes nacionais para o saneamento básico; altera as Leis nºs 6.766, de 19 de dezembro de 1979, 8.036, de 11 de maio de 1990, 8.666, de 21 de junho de 1993, 8.987, de 13 de fevereiro de 1995; revoga a Lei nº 6.528, de 11 de maio de 1978; e dá outras providências. *DOU*, Brasília, 05 de janeiro de 2007.

BRASIL. Poder Legislativo. Lei nº 12.379/11. Dispõe sobre o Sistema Nacional de Viação – SNV; altera a Lei nº 9.432, de 8 de janeiro de 1997; revoga as Leis nºs 5.917, de 10 de setembro de 1973, 6.346, de 6 de julho de 1976, 6.504, de 13 de dezembro de 1977, 6.555, de 22 de agosto de 1978, 6.574, de 30 de setembro de 1978, 6.630, de 16 de abril de 1979, 6.648, de 16 de maio de 1979, 6.671, de 4 de julho de 1979, 6.776, de 30 de abril de 1980, 6.933, de 13 de julho de 1980, 6.976, de 14 de dezembro de 1980, 7.003, de 24 de junho de 1982, 7.436, de 20 de dezembro de 1985, 7.581, de 24 de dezembro de 1986, 9.060, de 14 de junho de 1995, 9.078, de 11 de julho de 1995, 9.830, de 2 de setembro de 1999, 9.852, de 27 de outubro de 1999, 10.030, de 20 de outubro de 2000, 10.031, de 20 de outubro de 2000, 10.540, de 1º de outubro de 2002, 10.606, de 19 de dezembro de 2002, 10.680, de 23 de maio de 2003, 10.739, de 24 de setembro de 2003, 10.789, de 28 de novembro de 2003, 10.960, de 7 de outubro de 2004, 11.003, de 16 de dezembro de 2004, 11.122, de 31 de maio de 2005, 11.475, de 29 de maio de 2007, 11.550, de 19 de novembro de 2007, 11.701, de 18 de junho de 2008, 11.729, de 24 de junho de 2008, e 11.731, de 24 de junho de 2008; revoga dispositivos das Leis nºs 6.261, de 14 de novembro de 1975, 6.406, de 21 de março de 1977, 11.297, de 9 de maio de 2006, 11.314, de 3 de julho de 2006, 11.482, de 31 de maio de 2007, 11.518, de 5 de setembro de 2007, e 11.772, de 17 de setembro de 2008; e dá outras providências. *DOU*, Brasília, 06 de janeiro de 2011.

BRASIL. Constituição (1988). *Constituição da República Federativa do Brasil.* Texto constitucional de 05 de outubro de 1988 com as alterações adotadas pelas subsequentes emendas. Brasília, 2011.

BRASIL. Poder Legislativo. Lei nº 12.587/12. Institui as diretrizes da Política Nacional de Mobilidade Urbana; revoga dispositivos dos Decretos-Leis nºs 3.326, de 3 de junho de 1941, e 5.405, de 13 de abril de 1943, da Consolidação das Leis do Trabalho (CLT), aprovada pelo Decreto-Lei nº 5.452, de 1º de maio de 1943, e das Leis nºs 5.917, de 10 de setembro de 1973, e 6.261, de 14 de novembro de 1975; e dá outras providências. Institui as diretrizes da Política Nacional de Mobilidade Urbana; revoga dispositivos dos Decretos-Leis nºs 3.326, de 3 de junho de 1941, e 5.405, de 13 de abril de 1943, da Consolidação das Leis do Trabalho (CLT), aprovada pelo Decreto-Lei nº 5.452, de 1º de maio de 1943, e das Leis nºs 5.917, de 10 de setembro de 1973, e 6.261, de 14 de novembro de 1975; e dá outras providências. *DOU*, Brasília, 03 de janeiro de 2012.

BRASIL. Instituto do patrimônio histórico e artístico nacional (IPHAN). *Carta de Atenas*. Disponível em: <http://portal.iphan.gov.br/portal/baixaFcdAnexo.do?id=233> Acesso em: 22 out. 2014.

CASTRO, José Nilo de. *Direito municipal*. Belo Horizonte: Del Rey, 1996.

DEL NEGRI, André. *A divisão no espaço urbano*. Belo Horizonte: Fórum, 2012.

DI SARNO, Daniela Campos Libório. *Elementos de direito urbanístico*. Barueri: Manole, 2004.

DOMINGUES, Rafael Augusto Silva. *A competência dos estados-membros no direito urbanístico*: limites da autonomia municipal. Belo Horizonte: Fórum, 2010.

DOMINGUES, Rafael Augusto Silva. Competência constitucional em matéria de urbanismo. In: DALLARI, Adilson Abreu; DI SARNO, Daniela

Campos Libório (coord.). *Direito urbanístico e ambiental*. 2ª ed. Belo Horizonte: Fórum, 2011, p. 61-93.

FARIAS, Paulo José Leite. *Competência federativa e proteção ambiental*. Porto Alegre: Sergio Antonio Fabris, 1999.

FERREIRA FILHO, Manoel Gonçalves. *Comentários à constituição brasileira de 1988*. São Paulo: Saraiva, 1983.

FREITAS, Vladimir Passos de. *A Constituição federal e a efetividade das normas ambientais*. São Paulo: Revista dos Tribunais, 2000.

GUIMARÃES, Verônica Bezerra. As competências federativas para o controle da poluição do ar causada por veículos automotores. In: KRELL, Andreas J. (org.); MAIA, Alexandre da (coord.). *A aplicação do direito ambiental no estado federativo*. Rio de Janeiro: Lumen Juris, 2005, p. 205-265.

HORTA, Raul Machado. *Direito constitucional*. 4ª ed. Belo Horizonte: Del Rey, 2003.

KRELL, Andreas J. Autonomia municipal e proteção ambiental: critérios para definição das competências legislativas e das políticas locais. In: KRELL, Andreas J. (org.); MAIA, Alexandre da (coord.). *A aplicação do direito ambiental no estado federativo*. Rio de Janeiro: Lumen Juris, 2005, p. 147-203.

LOBO, Paulo Luiz Neto. Competência legislativa concorrente dos estados-membros na constituição de 1988. In: *Revista de Informação Legislativa*, nº 101, jan./mar., Brasília: Senado Federal, 1989.

MOREIRA NETO, Diogo de Figueiredo. A competência legislativa e executiva do município em matéria ambiental. In: *Revista de Informação Legislativa*, nº 111, jul./set., Brasília: Senado Federal, 1991.

NOVELINO, Marcelo. *Manual de direito constitucional*. 9ª ed. São Paulo: Método, 2014.

RAMMÊ, Rogério Santos. Federalismo ambiental cooperativo e mínimo existencial socioambiental: a multidimensionalidade do bem-estar como fio condutor. In: *Veredas do Direito*: Direito Ambiental e Desenvolvimento Sustentável, Belo Horizonte, v.10, nº 20, jul./dez. 2013, p. 145-161.

SILVA, José Afonso da. *Curso de direito constitucional positivo*. 12ª ed. São Paulo: Malheiros, 1996.

SILVA, José Afonso da. *Direito urbanístico brasileiro*. 6ª ed. São Paulo: Malheiros, 2010.

TAVARES, André Ramos. *Curso de direito constitucional*. 5ª ed. São Paulo: Saraiva, 2007.

TEMER, Michel. *Elementos de direito constitucional.* 18ª ed. São Paulo: Malheiros, 2002.

THIBAU, Vinícius Lott. O processo na construção democrática da cidade. In: RIOS, Mariza; CARVALHO, Newton Teixeira; KLEINRATH, Stella de Moura (coord.). *A cidade real e a cidade ideal em uma reflexão transdisciplinar*. 2ª tir. Belo Horizonte: Del Rey, 2014, p. 121-140.

VICHI, Bruno de Souza. O direito urbanístico e as regras de competência na constituição brasileira e no estatuto da cidade. In: DALLARI, Adilson Abreu; DI SARNO, Daniela Campos Libório (coord.). *Direito urbanístico e ambiental*. 2ª ed. Belo Horizonte: Fórum, 2011, p. 95-103.

Capítulo III

A CIDADE E A CONSTITUIÇÃO FEDERAL DE 1988

Beatriz Souza Costa
Mariza Rios

INTRODUÇÃO

O presente capítulo nos traz o desafio de pensar a Cidade no contexto constitucional a partir dos bens, aqui compreendidos como direitos fundamentais, comunidade, ambiente e espaços ambientais constitutivos da cidade.

Assim, as autoras enfrentam problemas cruciais da ordem urbana, como garantia de direitos, os direitos fundamentais e suas gerações. Também estudam a nomenclatura dos direitos humanos fundamentais que abarca os direitos sociais. O direito à moradia, portanto, está incluído no rol de direitos recepcionados pela Constituição Federal de 1988, porque é uma garantia da dignidade da pessoa humana, e cerne da Cidade como lugar de bem viver.

Devido a essa interpretação, as políticas públicas deverão repensar sobre o direito humano à moradia adequada.

A teoria desenvolvida neste trabalho demonstra, de forma incontroversa, que a Cidade é um bem e um direito fundamental.

Esse bem foi criado pela Constituição de 1988 em seu art. 225, pois pertence ao meio ambiente artificial sendo, por isso, um bem de natureza difusa que pertence a todos. A conclusão é muito simples: se meio ambiente é direito fundamental e um direito à vida, o direito a uma cidade sustentável também o é.

3.1 A CIDADE, O URBANO E OS DIREITOS FUNDAMENTAIS

Pensar a Cidade no contexto constitucional requer, concomitantemente, pensar o urbanismo e, com isso, o núcleo centralizador da constituição: os direitos fundamentais. As primeiras cidades, conforme descreve o capítulo um da presente obra, tem sua origem por volta do ano 3500 a.C., e o urbanismo vem a se manifestar a partir do século XIX, o que concede ao urbanismo, neste sentido, o caráter de modernidade.

Para José Afonso da Silva o pré-urbanismo se constitui na base familiar na qual o trabalho, oriundo da propriedade privada, dá origem à cidade. E, no estágio seguinte, temos a "sociedade pré-industrial, quando já se dispunha da metalurgia, do arado e da roda, elementos capazes de multiplicar a produção e facilitar as distribuições".[1] Por isso, a convicção de Silva é pertinente sobre a evolução da cidade que se concretiza com a evolução do urbano. O terceiro estágio, no entendimento do mesmo autor, compreende o período da cidade industrial moderna, associada a uma organização humana complexa, caracterizada pela educação de massa, um sistema de classe fluido.

Não muito distante desse pensamento complexo encontra-se Alexander Mitsherlich que, já em 1972, afirmava:

> Uma cidade que não oferece as suas crianças amplos *playgrounds*, que não oferece aos seus adolescentes campo de esporte, piscinas e centro juvenis na vizinhança de suas moradias, tal cidade não se espante se os seus moradores mais tarde não participarem da vida política da comunidade, equiparando a administração de uma cidade aos serviços municipais, como centra de gás e limpeza urbana.[2]

Alexander ainda afirma que "o planejamento deve, portanto, projetar um meio ambiente urbano que permita ao indivíduo conservar sua própria fisionomia, permanecer fiel a ele mesmo, homem, individualidade".[3]

Pertinentes as considerações de Mitsherlich tendo em vista que o urbanismo deva levar em consideração toda essa estrutura para o bem-estar humano, sem descuidar-se da individualidade pessoal, ou seja, a cidade deve ser o lugar de encontro, mas também deverá pre-

---

[1] SILVA, José Afonso da. *Direito Ambiental Constitucional*. 9ª ed. São Paulo: Malheiros, 2011, p. 20.

[2] MITSCHERLICH, Alexander. *A Cidade do Futuro*. Trad. Idalina Azevedo da Silva. Rio de Janeiro: Biblioteca Tempo Universitário 35, 1972, p. 8.

[3] MITSCHERLICH, Alexander, 1972, p. 8.

servar o local de solidão necessária: "Só se consegue um ambiente habitacional bom onde se possa cumprir duas necessidades: o desejo pela contato com os outros moradores, e ao mesmo tempo o desejo pela solidão".[4]

Como pensar em bem-estar social sem analisar quais direitos fundamentais estão envolvidos entre o cidadão e a cidade?

3.2 DIREITOS FUNDAMENTAIS

Os Direitos Fundamentais, historicamente, ocupam um cenário internacional tanto da produção de conhecimento quanto da busca de normatividade voltada para a garantia universal de direitos de defesa do cidadão e de prestação do Estado para a coletividade, pautado, sobretudo, no princípio constitucional da dignidade da pessoa humana.

Dignidade, que na compreensão de Silva, "(...) é um valor supremo que atrai o conteúdo de todos os direitos fundamentais do homem, desde o direito a vida". Este último, conforme Silva, lembrando Canotilho e Vital Moreira, sendo "concebido como referência constitucional unificadora de todos os direitos fundamentais".[5]

A respeito da Dignidade da Pessoa Humana, afirma Silva: "não basta, porém, a liberdade formalmente reconhecida, pois a dignidade da pessoa humana reclama condições mínimas de existência, existência digna conforme os ditames da justiça social como fim da ordem econômica".[6]

É nesse sentido que o presente trabalho tenciona pensar os direitos fundamentais como garantias capazes de efetividade dando corpo à dignidade da pessoa humana. Nessa esteira, Silva faz uma leitura que nos leva a alargar a compreensão para dizer que o melhor seria:

> Direitos fundamentais do homem, constitui a expressão mais adequada (...) porque além de se referir a princípios que resumem a concepção do mundo e informam a ideologia política de cada

---

4 MITSCHERLICH, Alexander, 1972, p. 6.

5 CANOTILHO, J.J. Gomes; MOREIRA, Vital *apud* SILVA, José Afonso da, 2011, p. 38.

6 SILVA, José Afonso da, 2011, p. 39.

> ordenamento jurídico, é reservada para designar, no nível do direito positivo, aquelas prerrogativas e instituições que ele concretiza em garantias de uma convivência digna, livre e igual de todas as pessoas.[7]

Igualmente, buscando uma distinção ente Direitos Humanos e Direitos Fundamentais, outros autores afirmam que direitos humanos são para todos os povos ou para todos os seres humanos independente do contexto social, classe, etnia ou opção sexual e que isso não conhece fronteiras nacionais e nem grupos específicos e são reconhecidos em diversos documentos internacionais, enquanto direitos fundamentais.

Afirma Silva que

> São direitos constitucionais na medida em que se inserem no texto de uma Constituição ou, mesmo, constam de simples declaração solenemente estabelecida pelo poder constituinte. São direitos que nascem e se fundamentam, portanto, no princípio da soberania popular.[8]

Para Paulo Bonavides, lendo Böckenförde, pode se verificar nos direitos fundamentais uma dimensão importante, qual seja:

> (...) a de norma objetiva, de validade universal, de conteúdo indeterminado e aberto, e que não pertence nem ao Direito Público, nem ao Direito Privado, mas compõe a abóboda de todo o ordenamento jurídico enquanto direitos constitucionais de cúpula.[9]

O mesmo autor, dando continuidade ao raciocínio, indica que a importância dos direitos fundamentais, no âmbito constitucional, está conferida no alcance da irradiação e propagação na esfera do Direito Público, mas também do Direito Privado; a elevação dos direitos fundamentais à categoria de princípios; a vinculação dos poderes Executivo, Judiciário e Legislativo na empreitada de sua efetividade; a eficácia imediata em sua aplicabilidade e, por fim, o impulso direcionado à administração pública na formulação de políticas que levem a máxima efetividade dos direitos fundamentais numa perspectiva de

---

7 SILVA, José Afonso da, 2011, p. 56.

8 SILVA, José Afonso da, 2011, p. 57.

9 BÖCKENFÖRDE, Ernest-Wolfang *apud* BONAVIDES, Paulo. *Curso de Direito Constitucional*. 12ª ed. São Paulo, Malheiros, 2002, p. 541.

desenvolvimento que, para o autor, abrange tanto o desenvolvimento do Estado como o desenvolvimento do próprio homem. Ou seja, direito fundamental ao desenvolvimento de cada cidadão, o que, sem sombra de dúvidas, requer muita luta política e jurídica em que a história se configura como grande testemunha.

Fica, assim, entendida a ideia de que direitos humanos fundamentais, sob o ponto de vista da teoria, é uma realidade histórica, fruto de enormes lutas no campo político e jurídico em favor da afirmação da dignidade da pessoa humana.

Com isso, pensar a garantia de direitos pautados na dignidade da pessoa humana torna-se condição no contexto da exigibilidade. É nesse cenário que Silva defende

> (...) que a dignidade, nessa seara, a ideia que predomina é a de que os Direitos Humanos Fundamentais constituem uma construção pela coletividade no espaço da cidadania e não uma dádiva do Estado. O que na interpretação de Sampaio (2010, p. 8) 'são aqueles juridicamente válidos em um determinado ordenamento jurídico ou que se proclamam invioláveis no âmbito constitucional'.[10]

Buscando um conceito para Direitos Humanos e dentro deste os Direitos Fundamentais, Pérez Luño aponta que Direitos Fundamentais são o

> (...) conjunto de faculdades e instituições que, em cada momento histórico, realizam as exigências da dignidade, da liberdade e da igualdade humana, as quais devem ser reconhecidas positivamente pelos ordenamentos jurídicos em nível nacional e internacional.[11]

No mesmo sentido vários autores fazem a leitura histórica dos Direitos Humanos Fundamentais tendo como parâmetro a Modernidade pontuando construção e garantias legislativas em uma leitura paradigmática do Estado Liberal, do Estado Social e do Pós-Social.

3.2.1 Aspecto geracional dos direitos humanos

No aspecto geracional dos Direitos Humanos pode-se afirmar que a construção clássica ocorre pela organização metodológica de gera-

---

10 SILVA, José Afonso da, 2011, p. 20.

11 PÉREZ LUÑO, Antonio Enrique. *Derechos Humanos, Estado de Derecho y Constitución.* Madrid: Tecnos, 1991, p. 49.

ção de direitos. Ou seja, surgem no processo histórico de lutas e garantias que pressupõe situações sociais econômicas e políticas como matrizes que possibilitam o surgimento de gerações de direitos. Nessa paisagem histórica, surgem os direitos de primeira geração, denominados direitos ou liberdades, caracterizados como conquista do Estado Liberal.

Esse contexto funda-se na separação entre Estado e sociedade numa construção que permeia o contratualismo individualista dos séculos XVIII e XIX. Na referida construção, o Estado ocupa o lugar de segurança administrativa por meio do poder Executivo que é reprimido, quando necessário, pelo Poder Judiciário de ameaça ou lesão às liberdades individuais, garantindo-se, nesse modelo, os direitos civis e políticos que foram reconhecidos pelo modelo liberal.

Contudo, a história não é estática e se modifica de acordo com as mudanças sociais advindas da realidade humana dando origem aos direitos de segunda geração, compreendidos como direitos sociais, que será o nosso desafio – sobre os quais discutiremos mais adiante –, por representar o núcleo no qual o direito à moradia se insere na Carta Constitucional.

Necessário é relembrar, nesse momento, os pontos que marcaram sua construção histórica. Eles surgem ainda em 1791 com a Constituição francesa, passando pela Constituição do México, em 1917 e adquirindo forma social com a Carta de Weimar, na Alemanha no ano de 1919, em que podemos encontrar uma definição mais clara do que se denominou direitos sociais, que também haviam sido reconhecidos formalmente na Declaração de Direitos russa em 1918. Na paisagem brasileira, a Constituição de 1934 reconhece positivamente os direitos sociais.

Logo, essa geração consagra o surgimento dos direitos sociais, econômicos e culturais que têm como foco principal a superação do individualismo, decorrente da transformação econômica e social que marcou o século XX, com ênfase na transformação do modelo liberal de produção e, consequentemente, oriunda da organização do movimento dos trabalhadores assalariados, pautada, dentre outros, na Revolução Russa.

O ponto alto dessa transformação marca na história a luta pelo equilíbrio da liberdade com a igualdade, introduzindo a incorporação de conteúdos sociais no discurso dos direitos e garantias.

Surge, portanto, a consagração dos direitos sociais que trazem, como condição na sua construção e efetividade, o elemento da participação plena na vida da sociedade, consubstanciado no direito humano fundamental à educação, saúde, moradia dentre outros e, por fim, ao resgate e à preservação das formas de produção cultural das comunidades, garantido em seu seio a participação de todos na riqueza comunitária.

Dando mais um passo na história, encontramos os chamados direitos de terceira geração, ou melhor, direitos dos povos ou direitos de solidariedade, de cooperação e de fraternidade, que surgem como resposta à dominação cultural e como reação ao grau de dominação das nações "desenvolvidas" sobre o terceiro mundo, revelada, sobretudo, pelos efeitos da Segunda Guerra Mundial, pelo desrespeito às fronteiras nacionais e que, por isso, são chamados de direitos globais, de toda a humanidade.

Ganha destaque, dessa forma, o direito dos povos indígenas, os direitos dos quilombolas, do povo negro em geral, da cultura, da diferença, à terra e à cultura, ao desenvolvimento econômico e social pautado nos direitos fundamentais individuais e coletivos.

Ainda, a bandeira da fraternidade tomada pela nova geração como certeza de que somos todos habitantes de um mesmo e frágil mundo. Este mundo clama pelo reconhecimento universal dessa realidade em busca de condições comuns de habitabilidade planetária para futuras gerações.

Um frágil Planeta Terra que necessita do desenvolvimento sustentável, pelo meio ambiente equilibrado e este dentro da cidade num espírito de equidade, de igualdade entre os bairros e a área central no acesso a políticas de desenvolvimento e preservação dos espaços habitados.

Esse desenvolvimento requer como condição a garantia de direitos individuais e coletivos de todos, com destaque à participação que, ponderada pelo homem, torna-se um princípio forte de transformação social em prol da justiça para todos.

Numa visão global, podemos dizer que são direitos de comunidades ou grupos oponível ao próprio, ou a outro Estado além dos organismos globais reconhecidos como direitos dos cidadãos em face do Estado, bem como os direitos de um Estado em face de outro ou outros Estados.

Concluindo o debate acerca da classificação geracional dos direitos fundamentais, expõe Sampaio:

> Se formos admitir a classificação, com as reservas feitas e atentos a uma mescla de tempo de surgimento com a estrutura-função dos direitos, podemos distinguir, no estágio atual, quatro gerações: a dos direitos civis e políticos a responder a necessidades de liberdade e participação máximas com igualdade e solidariedade mínimas, projetadas em direitos mais nacionais que internacionais; a dos direitos sociais, econômicos e culturais, como projeção de igualdade máxima, participação, liberdade e solidariedade mínimas, promovidos tanto no plano interno, quanto internacional; a dos direitos de fraternidade que pressupõem máxima solidariedade, igualdade, liberdade e participação.[12]

3.2.2 Direitos humanos fundamentais no Brasil

A história constitucional brasileira tem o reconhecimento dos direitos fundamentais desde sua primeira Carta Constitucional de 1824. O Título 8º – Das Disposições Geraes, e Garantias dos Direitos Civis, e Políticos dos Cidadãos Brazileiros,[13] elenca o rol de direitos humanos fundamentais nessa Carta de 1824. Na sequência, o artigo 179 consagra como direitos e garantias individuais: igualdade, legalidade, livre manifestação de pensamento, impossibilidade de censura prévia, liberdade religiosa, liberdade de locomoção, inviolabilidade de domicílio, respeito à dignidade do preso, livre acesso a cargos públicos, direito de petição, garantia do ensino público primário, dentre outros.

Na Constituição Republicana de 1891, por sua vez, em seu Título III encontramos uma Declaração de Direitos. Esta, além dos direitos tradicionais garantidos em 1824, estabelece a gratuidade do casamento civil, ensino leigo, direitos de reunião e associação, ampla defesa.

Contudo, é a Carta de 1934 que, além de repetir o rol previsto nas anteriores, em seu artigo 113 reconhece o extenso rol de direitos hu-

---

[12] SAMPAIO, José Adércio Leite. *Direitos Fundamentais:* retórica e historicidade. Belo Horizonte: Del Rey, 2010, p. 290.

[13] Grafia original.

manos fundamentais, tais como irretroatividade da lei penal, impossibilidade de prisão civil por dívidas, impossibilidade de concessão de extradição de estrangeiro em virtude de crimes políticos, assistência jurídica gratuita, mandado de segurança, ação popular.

O movimento político tradicional da época traz, em 1937, um retrocesso substancial na seara constitucional, minimizado em 1946, dando ênfase aos Direitos Sociais, à proteção da família, da educação e à cultura. De novo, esse avanço foi prejudicado em 1969, bem como na Constituição de 1967, que previa, como as anteriores, direitos individuais e sociais. O certo é que a Carta de 1969 garantiu, inclusive, a possibilidade da redução de direitos fundamentais dos brasileiros em nome da segurança do Estado.

A leitura feita até aqui inclui os direitos sociais no bloco dos direitos humanos fundamentais quando, a partir do consenso teórico, os coloca como direitos humanos de segunda geração. Contudo, o debate acerca do problema segundo o qual os direitos sociais estariam inseridos no rol dos direitos sociais, esbarra na questão do seu caráter econômico prestacional, e sua dependência de orçamento público em vista da efetividade.

Mas, mesmo assim, a defesa da incondicionalidade e interdependência dos direitos individuais e sociais, em vista da possível realização gradual dos direitos sociais, econômicos e culturais foi confirmada pelas Nações Unidas em 1991. A esse respeito, José Adércio Leite Sampaio afirma:

> (...) não há diferença material entre o cumprimento do dever de realizar ambas as classes de direitos, pois a ideia de realização progressiva na dependência de recursos disponíveis não exime a responsabilidade do Estado para promovê-los e impõe uma 'obrigação de encaminhar-se de forma tão expedita e efetiva quanto possível em direção ao objetivo [da realização dos direitos]' (...).[14]

Sampaio, refletindo acerca do problema da condicionalidade dos direitos sociais, ainda diz que: "no curso das coisas como vão, o sucesso dos direitos civis e políticos como prática – e não apenas como retórica – está a depender do progresso no campo dos direitos so-

[14] SAMPAIO, José Adércio Leite, 2010, p. 259.

ciais".[15] E, no bojo do debate, Alexy, segundo Sampaio, enfrentando a ideia de uma possível escolha dos direitos prioritários que contemple a atuação do judiciário em sua efetividade considera incluído "o direito a uma habitação simples, à educação escolar, a uma formação profissional e a uma assistência médica básica".[16]

Na mesma linha, assevera Torres que, no rol dos direitos fundamentais, teríamos direitos que seriam priorizados em razão da sobrevivência dos pobres e, nesse meio, está a moradia, segundo o autor a ser reconhecida como "necessária à sobrevivência dos pobres e indigentes". [17]

Evidencia-se no campo da efetividade, que os Direitos Humanos Individuais e Sociais estão interligados. Eles fazem parte do mesmo bloco dos direitos humanos fundamentais e, portanto, a efetividade de um depende do compromisso político, administrativo, jurídico e social do outro. Esse esforço comum entre os poderes da república democrática é condição para se levar a termo o Estado Democrático de Direito.

3.2.3 Direitos humanos fundamentais sociais

A Constituição como documento, em sua maioria escrita, surge no processo de formação do Estado Moderno em um cenário de transformação do Estado Absolutista em um Estado de Direito.

O Estado de Direito é o fundamento e a garantia dos direitos fundamentais em vista da necessidade de tutela e proteção do núcleo dos direitos humanos fundamentais de defesa, direitos fundamentais individuais e de prestação de direitos sociais.

Inserido na categoria de direitos fundamentais da pessoa humana os direitos sociais têm como característica comum o aspecto prestacional do Estado, sendo dentre estes a moradia já reconhecida no artigo 23, inciso IX, da Constituição Federal.

---

15 SAMPAIO, José Adércio Leite, 2010, p. 260.

16 ALEXY, Robert *apud* SAMPAIO, José Adércio Leite, 2010, p. 295.

17 TORRES, Ricardo Lobo. A Metamorfose dos Direitos Sociais em Mínimo Existencial. In: SARLET, Ingo Wolfgang (org.). *Direitos Fundamentais Sociais:* Estudos de Direito Constitucional, Internacional e Comparado. Rio de Janeiro: Renovar, 2003, p. 34.

Segundo a Constituição Federal é competência comum da União, dos Estados, do Distrito Federal e dos Municípios "(...) promover programas de construção de moradias e a melhoria das condições habitacionais e de saneamento básico". Além disso, mais tarde, tal direito foi inscrito em seu artigo 6º, portanto, no rol dos direitos humanos fundamentais sociais, pela Emenda Constitucional nº 26. Dessa forma, inseriu-se também no rol dos direitos sociais que a ausência de prestação, por parte do Estado, ofende diretamente a dignidade da pessoa humana.

Com esse entendimento, os direitos humanos fundamentais passam a ser o núcleo mais importante das constituições modernas.

Podemos afirmar, nessa esteira, que o direito humano à moradia adequada está incluído no rol dos direitos fundamentais recepcionados pelas Constituições modernas, e além de ser um dos direitos que visam dar limite ao poder estatal, é uma garantia da dignidade da pessoa humana, sendo a dignidade o princípio norteador das garantias constitucionais.

No Brasil, segundo Torres, o primado dos direitos sociais e sua plena efetividade ganhou importância na década de 1980, especialmente a partir da influência de Canotilho sobre a doutrina jurídica brasileira.[18]

Daí em diante, a concepção dos direitos fundamentais vem encampando a noção de que o caminho percorrido tem sido em direção a uma maior limitação do poder do Estado e, consequentemente, uma proteção mais eficaz dos direitos fundamentais, sobretudo na luta em defesa de garantias de direitos em face de novos poderes estabelecidos.

Essa nova concepção amplia a função do Estado Constitucional contemporâneo que pode ser resumida como proteção aos direitos humanos fundamentais. Ainda neste contexto, os direitos humanos ganham força no debate acerca das possibilidades de acionalidade e de efetividade dos chamados "direitos fundamentais de defesa e de prestação", ou seja, direitos individuais e sociais.

Ingo Sarlet, nessa perspectiva, contribui teoricamente com esse processo apontando para a possibilidade de distanciar a vinculação da garantia com o aspecto econômico da prestação concluindo que,

---

[18] TORRES, Ricardo Lobo, 2003, p. 34.

> (...) os direitos de defesa – presumidamente dirigidos a uma conduta omissiva – podem ser considerados destituídos dessa dimensão econômica na medida em que o objeto de sua prestação pode ser assegurado juridicamente, independente das circunstâncias econômicas.[19]

No Estado Social e Democrático de Direito, contudo, observamos uma vinculação da efetividade dos direitos sociais que apresenta, historicamente, uma relação com o Orçamento Público e este acaba por instrumentalizar as políticas públicas, além de definir o grau de concretização dos valores fundamentais constitucionais, tendo como consequência a sua dependência de concretização, já que a Constituição de 1988 reconheceu o Orçamento Público como um importante instrumento de Governo com vista ao desenvolvimento econômico, social e político em que se estabelecem três leis principais, ou seja, a PPA, LDO e LOA.

Essas leis são complementares entre si, quais sejam: a Lei do Plano Plurianual (PPA), a Lei de Diretrizes Orçamentárias (LDO) e, por último, a Lei Orçamentária Anual (LOA).

Élida Graziane Pinto diz que "(...) O orçamento é peça importante de controle e de planejamento, mas não consegue responder às demandas sociais de forma absolutamente vinculada à lei".[20]

É de bom alvitre lembrar que o processo histórico da construção do Orçamento Público nos leva à ideia de separação dos poderes Legislativo e Executivo. Segundo Élida Pinto, lendo Giamomoni, foi fixada de tal modo que àquele compete aprovar, reduzir ou rejeitar a despesa proposta, bem como o controle da execução do orçamento e a este último cabe a função de delinear onde e como serão alocados os recursos públicos nas mais diversas atividades.

Para tanto, faz-se necessária uma breve leitura da história nacional a respeito do Orçamento Público "a partir da preocupação com a forma de determinação das receitas públicas"[21] em vista da importância

---

19 SARLET, Ingo Wolfgang. *A eficácia dos direitos fundamentais*. 2ª ed. Porto Alegre: Livraria do Advogado, 2001, p. 263.

20 PINTO, Élida Graziane. *Financiamento dos direitos fundamentais* – Políticas Públicas Vinculadas, Estabilização Monetária e Conflito Distributivo no Orçamento da União do Pós-Plano Real. Belo Horizonte: O Lutador, 2010, p. 41.

21 PINTO, Élida Graziane, 2010, p. 59.

desse instrumento público na efetividade dos direitos fundamentais sociais.

A partir disso, os programas governamentais devem se constituir num processo harmonioso com o Plano Plurianual previsto no art. 166, §4º da Constituição Federal e a LDO deverá estar em sintonia com o PPA, conforme definido no art. 166, §4º da mesma Carta.

Assim, em obediência ao Princípio da Legalidade, cabe ao administrador obedecer aos limites constantes nas leis orçamentárias, sob pena de responsabilidade, também prevista na Constituição em seu artigo 85, VI.

Nesse contexto, nem o legislador e o administrador gozam de discricionariedade para dispor dos recursos de forma ampla. Vale pontuar, com isso, em relação aos direitos fundamentais sociais, a notória necessidade da intervenção estatal positiva direta. Este fato levou ao debate sobre o caráter programático das normas referentes aos direitos sociais que, ao contrário dos direitos de defesa, direitos individu ais, a teoria clássica não sustentou sua autoaplicabilidade.

A contribuição de Paulo Bonavides elucida a questão da dependência dos direitos sociais ao Orçamento Público, quando afirma:

> (...) os direitos de segunda geração passaram primeiro por um ciclo de baixa normatividade ou tiveram sua eficácia duvidosa, em virtude de sua própria natureza de direitos que exigem do Estado determinadas prestações materiais, nem sempre resgatáveis por exiguidade, carência ou limitação essencial de recursos.[22]

Fica, assim, evidente que os direitos fundamentais, sejam de defesa ou de prestação, gozam da possibilidade de intervenção do judiciário na implantação de políticas públicas. Vale afirmar, no entanto, que o judiciário não passaria a definir políticas públicas, como interpretam alguns, mas significa apenas que deverá garantir a efetividade dos Direitos Humanos Fundamentais Sociais.

A doutrina e a jurisprudência, nesse sentido, assumem postura firme na defesa da supremacia dos direitos fundamentais, cuja efetivação se sobreporia a qualquer outro princípio ou fundamento de Direito.

---

22 BONAVIDES, Paulo, 2002, p. 564.

Por fim, o próprio preâmbulo da Constituição de 1988 deixa claro que o Estado Democrático de Direito, por ela instituído, reconhece expressamente a dimensão social de "assegurar o exercício dos direitos sociais e individuais (...) a igualdade e a justiça (...)", numa conjugação de valores que, em seguida, passam a se concretizar nos princípios constitucionais previstos no artigo 1º.

José Afonso da Silva, de forma incontroversa, afirma que os direitos sociais não são somente matéria constitucional, mas também direitos fundamentais:

> A Constituição assumiu essa posição, de sorte, que na sua concepção, os direitos sociais constituem direitos fundamentais da pessoa humana, considerados valores supremos de uma sociedade fraterna, pluralista e sem preconceitos.[23]

Com essa interpretação consubstanciou a doutrina e a jurisprudência, pautando suas assertivas nas demandas referentes às garantias de Direitos Humanos Fundamentais no princípio basilar da Constituição Federal, a Dignidade da Pessoa Humana.

Esse princípio que ocupa lugar relevante na seara da hermenêutica de unanimidade, tanto no judiciário quanto na paisagem da produção de conhecimento científico-jurídico como sendo o princípio dos princípios, o norteador de grandes decisões do judiciário nacional e internacional.

Sampaio lendo Rawls e Dworkin, contudo, ajuda-nos a pensar que mesmo os que não

> admitem os direitos sociais como direitos fundamentais propriamente dito, não deixam de frisar que o liberalismo sempre devotou preocupação com a igualdade, tanto na sua forma geral, de igualdade perante a lei, como também de 'iguais liberdades para todos'.[24]

Assim, para a corrente majoritária, considera-se resolvida a questão dos direitos sociais serem reconhecidos também como Direitos Fundamentais e que a possibilidade de acionalidade dos mesmos fora acolhida pela doutrina e pela jurisprudência.

---

23 SILVA, José Afonso da, 2011, p. 304.

24 SAMPAIO, José Adércio Leite, 2010, p. 251.

Em síntese, os direitos fundamentais, de uma forma ou de outra, foram construídos historicamente com e pela participação social dos cidadãos e, em consequência, normativamente no âmbito externo e interno em diversos documentos jurídicos.

Esse debate contribuiu para o consenso de serem direitos individuais e direitos sociais interligados, interdependentes de forma a alguns autores reconhecerem que a execução de um depende do reconhecimento do outro como parte de um mesmo núcleo fundado no Princípio Constitucional da Dignidade da Pessoa Humana, norteador tanto do debate teórico quanto da produção normativa sobre o tema.

Contudo, referindo-se aos direitos sociais que exige prestação positiva do Estado e a dependência dos Princípios da Reserva do possível bem como ao Mínimo Existencial[25] também se constitui em um debate que é incipiente, mas que tem historicamente definido a efetividade dos direitos sociais em seu bojo o direito humano à moradia adequada.

No âmbito nacional, nesse sentido, a preocupação do legislador constituinte, foi discutir, de forma clara, ainda na Assembleia Nacional Constituinte de 1988, os direitos fundamentais, para elencá-los na Constituição Federal já como direito líquido e certo, a ser implementado, na sequência, pelo Estado, sob pena de incorrer em mora, com relação a todos os brasileiros.

Aqui se faz analogia com o processo de execução, que dispensa o debate, via processo de conhecimento, em razão da matéria e de até mesmo interesse público. Por meio de lei, suprime-se a via de cognição. Imediatamente é possível cobrar-se uma dívida, de antemão líquida, certa e, com o advento do vencimento, exigível.

Em se tratando de direitos fundamentais, que são também intocáveis, ocorre o mesmo com relação à exigibilidade imediata, sem necessidade alguma de mais discussão, eis que o debate aconteceu

---

[25] Não podendo adentrar neste tema de forma aprofundada, importante apontar que o mínimo existencial corresponde ao conjunto de situações materiais indispensáveis à existência humana digna. Existência considerada não apenas como experiência física, a sobrevivência e manutenção do corpo, mas também espiritual e intelectual, aspectos fundamentais de um Estado que se denomina Democrático de Direito.

durante e na Assembleia Constituinte. A Constituição é o título a garantir, imediatamente, o cumprimento dos direitos fundamentais.

Portanto, com base no debate teórico e no arcabouço normativo, interno, podemos reafirmar que os direitos fundamentais são líquidos, certos e exigíveis, desde o advento da Constituição Republicana de 1988.

Tendo em vista essa assertiva, os direitos de moradia não poderiam deixar de estar dentre os direitos fundamentais. A conclusão, neste ínterim, é que o Estado encontra-se inadimplente com a maioria da população brasileira, que não tem residência, e se a tem, não é digna, em razão de estar localizada em local de difícil acesso e construída sem o mínimo de segurança, ou com metragem diminuta, tudo debaixo dos olhos dos agentes do Estado.

Evidente que o Estado está em mora, em flagrante desrespeito à Constituição, com relação à maioria da população, mister é, então, que o Ministério Público haja, exigindo o implemento dessa obrigação líquida e certa em relação ao Poder Público.

Por essa via é necessário que o Estado cumpra a Constituição garantindo, de imediato, o direito à moradia a todos. Essa obrigação deve ser cumprida já que, para a Cidade, a moradia é um bem fundamental

3.3 CIDADE: UM BEM AMBIENTAL FUNDAMENTAL

A Constituição da República Federativa dispõe que o princípio da dignidade da pessoa é o princípio essencial que informa a ordem jurídica interna. Com essa certeza, não é de estranharmos que o meio ambiente ecologicamente equilibrado, também um direito fundamental, seja guiado pelo mesmo princípio, como já visto anteriormente.

A Constituição de 1988, ao contemplar o meio ambiente em seu texto, não adotou uma interpretação utilitarista desses recursos naturais. Podemos interpretá-la como uma Constituição antropocêntrica, como vários doutrinadores já reconheceram, alargada ou flexibilizada.[26]

---

[26] LEITE, José Rubens Morato; PILATI, Luciana; JAMUNDÁ, Woldemar. Estado de Direito Ambiental no Brasil. In: KISHI, Sandra Adkemi Shimada *et al.* (org.).

O seu art. 225, de forma inédita, considera os bens ambientais não como bens dissociados um dos outros, mas, pelo contrário, interligados, o que leva a uma proteção muito mais eficiente e rigorosa. A visão atual de proteção ambiental é conjunta, e não estanque, como no passado.

Reconhece-se hoje, o valor intrínseco dos bens ambientais a favor da dignidade da pessoa humana, pois, como viver sem água, sem florestas e com solos degradados? A Constituição da República Federativa não percebe os bens materiais apenas sob uma visão economicista, mas como bens importantes e fundamentais para a sobrevivência do homem, com qualidade de vida. Assim, essa visão contempla o meio ambiente artificial, incluindo as cidades.

A perspectiva revolucionária e complexa da Constituição da República Federativa, em seu art. 225, merece uma interpretação mais profunda, para delinear como foi construída a identidade do sujeito constitucional ambiental brasileiro, inexistente em Constituições anteriores.

3.3.1 Bem de uso comum do povo

A Constituição da República Federativa do Brasil de 1988 foi a primeira a utilizar o termo *bem* ao se referir ao meio ambiente. Merece especial atenção a inovação trazida pelo art. 225.[27] Este *bem* é o meio ambiente ecologicamente equilibrado. Portanto, um bem qualificado, o que denota ainda mais a valorização da vida do cidadão brasileiro, com saúde, que tem o direito de respirar o ar puro e de receber água tratada; ou seja, direito a saneamento básico e, mais, ter a certeza de que seus filhos e netos tenham acesso a todos os bens ambientais. Importante destacar que nenhuma outra Constituição expõe explicitamente o meio ambiente como um *bem* a ser protegido.

Desafios do Direito Ambiental no século XXI – Estudos em Homenagem a Paulo Affonso Leme Machado. São Paulo: Malheiros, 2005, p. 611-634.

27 "Art. 225. Todos têm direito ao meio ambiente ecologicamente equilibrado, bem de uso comum do povo e essencial à sadia qualidade de vida, impondo-se ao Poder Público e à coletividade o dever de defendê-lo e preservá-lo para as presentes e futuras gerações." Disponível em: <http://www.planalto.gov.br/ccivil_03/constituicao/ConstituicaoCompilado.htm>. Acesso em: 19 nov. 2014.

A doutrina se incumbiu de desenvolver várias teses a respeito do *bem* referido na Constituição da República Federativa de 1988. As interpretações, em sua maioria, não estão distanciadas quanto ao fato de que o bem ambiental tem natureza jurídica difusa. As opiniões, no entanto, são divergentes quanto à natureza jurídica desse bem, o que se pode ver em apertada síntese.

3.3.2 *Natureza jurídica do bem ambiental*

Paulo Affonso Leme Machado, que não discute diretamente sobre a natureza jurídica do bem ambiental, entende que o Poder Público não pode se considerar o seu proprietário; ao revés, observa que o Poder Público tem apenas a obrigação de gerenciá-lo.[28]

Cristiane Derani considera o meio ambiente ecologicamente equilibrado um verdadeiro patrimônio coletivo, imprescindível ao desenvolvimento humano e da comunidade.[29]

Com fulcro na Lei 6.938 de 1981, art. 2º, inciso I, Édis Milaré acolhe que o meio ambiente é patrimônio público, no qual o Poder Público, como anunciou Paulo Affonso, é simplesmente o gestor dos bens ambientais, tendo em vista sua natureza jurídica pública.[30]

Embasado na teoria italiana sobre os bens ambientais, Fiorillo demonstra, sob fundados argumentos, que a natureza jurídica é difusa.[31]

Apesar de Fiorillo fazer corrente doutrinária por todo o Brasil com sua teoria, existem opiniões contrárias, o que sempre é muito salutar na Ciência do Direito. O tema é de grande importância para este trabalho que adota integralmente a teoria analisada por Fiorillo, a qual já foi problemática discutida em outro trabalho.[32]

---

28 MACHADO, Paulo Affonso Leme. *Direito Ambiental Brasileiro*. 22ª ed. São Paulo: Malheiros, 2014, p. 152.

29 DERANI, Cristiane. *Direito ambiental econômico*. São Paulo: Saraiva, 2005.

30 MILARÉ, Édis. *Direito do Ambiente*. 9ª ed. São Paulo: RT, 2014, p. 511.

31 FIORILLO, Celso Antônio Pacheco. *Curso de Direito Ambiental Brasileiro*. 12ª ed. São Paulo: Saraiva, 2011, p. 147.

32 COSTA, Beatriz Souza. *Meio Ambiente como Direito à Vida no Direito Comparado*: Brasil, Portugal e Espanha. 2ª ed. Rio de Janeiro: Lumen Juris, 2013.

3.4 A CIDADE E A CONSTITUIÇÃO FEDERAL DE 1988

Não podemos retomar a história da origem das cidades, desde que já fora tema de livro anterior,[33] e imperiosamente nos tomaria um tempo importante devido ao interessante histórico. No entanto, é certo que surgiram a partir de organização produtiva, indispensável ao desenvolvimento humano.

As cidades do Brasil alcançaram o *status* de direito fundamental dos cidadãos. Esta afirmação não está privada de argumentos válidos.

Após a edição da Constituição de 1988, as cidades brasileiras, por intermédio do art. 225, são consideras um bem ambiental. O bem analisado em título anterior, seja difuso, público ou coletivo é um bem ambiental artificial.

A doutrina preocupou-se com a divisão didática do meio ambiente. A classificação do meio ambiente, em nível nacional, foi citada por José Afonso da Silva e teve vários seguidores.[34]

Apesar de ser o meio ambiente um conceito unitário, a divisão, de forma didática demonstra ser a forma mais simples de entendê-lo como um todo. Ou seja, meio ambiente natural é a preocupação com os bens ambientais, como florestas, solo, ar e água, que têm sido alvo, negativo, de ações humanas como desmatamentos, utilização indiscriminada de agrotóxicos nos solos, poluição do ar e da água por vários tipos de atividades econômicas.

Meio ambiente artificial é aquele construído pelo próprio ser humano. O meio ambiente cultural pode ser confundido com o artificial, tendo em vista que faz parte da construção desse tipo de ambiente pelo homem, mas difere devido à existência de um valor agregado de características de identidade de uma comunidade, de forma que é integrado pelo patrimônio histórico, artístico, paisagístico e arqueológico, como particularizado nos artigos 215 e 216 da Constituição da República Federativa do Brasil de 1988.

---

33 RIOS, Mariza; CARVALHO, Newton Teixeira; KLEINRATH, Stella de Moura (coord.). *A Cidade Real e a Cidade Ideal* – Em uma Reflexão Transdisciplinar. Belo Horizonte: Del Rey, 2014.

34 SILVA, José Afonso da, 2011.

O meio ambiente do trabalho é caracterizado pela proteção da salubridade e pela segurança do local de trabalho do cidadão. De forma que, a preocupação não é com os direitos trabalhistas dos cidadãos, mas quanto ao fato de o trabalho não causar nenhum prejuízo à saúde da pessoa, quando no desenvolvimento de suas atividades laborais.

3.4.1 As cidades e a proteção na Constituição Federal de 1988

Essa classificação do meio ambiente facilita o estudo e a detecção de atividades que venham a degradar o meio ambiente, tendo em vista a amplidão desses recursos e das legislações editadas nos níveis federal, estadual e municipal.

Por que considerar as cidades como um bem ambiental? Podemos afirmar que não é uma questão de consideração, mas de direito estabelecido.

A Constituição Federal expõe no art. 225 que:

> Todos têm direito ao meio ambiente ecologicamente equilibrado, bem de uso comum do povo e essencial à sadia qualidade de vida, impondo-se ao Poder Público e à coletividade o dever de defendê-lo e preservá-lo para as presentes e futuras gerações.[35]

A qualificação do meio ambiente como um Direito fundamental é pacífica na doutrina. É bem verdade que não se encontra no Título II, "Dos direitos e garantias fundamentais", da Constituição Federal, mas sim no Título VIII, "Da ordem Social". Todavia, não há dúvida de que o meio ambiente é considerado um direito fundamental, porque qualquer interpretação contrária não encontrará amparo.

A própria Constituição Federal, em seu art. 225, enuncia que "todos têm o direito ao meio ambiente ecologicamente equilibrado", portanto, fala de "todos" e de cada "um". Sendo assim, o indivíduo tem o direito fundamental e subjetivo a um meio ambiente ecologicamente equilibrado.

---

[35] BRASIL. Constituição da República Federativa do Brasil de 1988. Disponível em: <http://www.planalto.gov.br/ccivil_03/constituicao/ConstituicaoCompilado.htm>. Acesso em: 19 nov. 2014.

Acentua, de forma cabal, Ferreira Filho

> Direito ao meio ambiente. Este é um direito de solidariedade – a terceira 'geração' dos direitos fundamentais (a primeira, as liberdades; a segunda, os direitos sociais). Na verdade, pode-se retraçar, com facilidade, a sua genealogia. Provém do direito à vida (primeira geração), por intermédio do direito à saúde (segunda geração).[36]

Fica patente que o meio ambiente artificial, no qual se encontra as cidades, é um bem ambiental e, por interpretação extensiva, também um direito fundamental. Assim, o que afirma Fiorillo, tem toda uma coesão constitucional:

> Com a edição da Constituição Federal de 1988, fundamentada em sistema econômico capitalista que necessariamente tem seus limites impostos pela dignidade da pessoa humana (art. 1º, incisos III e IV), a cidade – em suas duas realidades, a saber, os estabelecimentos regulares e os estabelecimentos irregulares – passa a ter natureza jurídica ambiental, ou seja, a partir de 1988 a cidade deixa de ser observada a partir de regramentos adaptados tão somente aos bens privados ou públicos, e passa a ser disciplinada em face da estrutura jurídica do bem ambiental (art. 225 da CF).[37]

De forma que a interpretação em que as cidades têm natureza jurídica ambiental, como precedida por Fiorillo, também entende Ferreira Filho que é a "terceira geração dos direitos fundamentais" e, assim, o direito fundamental ambiental, terceira geração de direitos, permeia a cidade fortalecendo sua natureza jurídica ambiental.

Acentua ainda Fiorillo:

> Além disso, a cidade, em decorrência de sua natureza jurídica ambiental, passa a ser observada não só em função de seu território, mas também em face de sua estrutura econômica. Todas as cidades no Brasil estão diretamente relacionadas à sua estrutura econômica, ou seja, existem em decorrência dos produtos e serviços que criam, destinados a satisfazer as necessidades do consumo interno

[36] FERREIRA FILHO, Manuel Gonçalves. *Comentários à Constituição brasileira de 1988.* 2ª ed. São Paulo: Saraiva, 1999, v. 2, p. 2.

[37] FIORILLO, Celso Antônio Pacheco, 2011 , p. 25.

> (em seu território) e externo (fora de seu território), o que significa uma cidade as relações econômicas de consumo (...).[38]

Como afirmado alhures neste texto, a origem das cidades se deu justamente em função do que ela produz e oferece ao homem. Retornam esses bens transformados em bem-estar de uma forma geral e, se não é, deveria ser. Por isso, é de importância fundamental para todas as pessoas que moram nas cidades os modos de criar, fazer e viver.

As relações intrínsecas entre o Meio Ambiente e o Patrimônio Cultural ficaram objetivadas na Constituição de 1988. O art. 225, de forma geral, dispõe sobre o meio ambiente ecologicamente equilibrado visando a saúde de todos. Para alcançar também a saúde psicológica é prioritário viver em um ambiente em que se tenha liberdade para criar, fazer e viver.

O ambiente cultural está estabelecido nos arts. 215 e 216 da Constituição Federal e é composto por bens de natureza material e imaterial que sejam portadores de referência à identidade, à ação e à memória da sociedade brasileira. Portanto, podem ser constituídos de objetos, documentos, edificações, patrimônios artísticos, históricos, turísticos, paisagísticos, arqueológicos, espeleológicos e ecológicos.

É importante perceber a complexidade das relações que se estabelecem entre todas as faces do meio ambiente, ou seja, o meio ambiente natural, meio ambiente artificial, meio ambiente cultural e meio ambiente do trabalho. O homem consegue transformar o meio ambiente natural em meio ambiente artificial. Nesse meio ambiente artificial, ou mesmo o meio ambiente natural, pode constituir o seu ambiente de trabalho e, desta forma, constrói o meio ambiente cultural.

Esses ambientes serão usados como formas de expressão para forjar identidades, as quais podem ser transformadas em identidades coletivas. Os critérios estabelecidos no art. 225 também se reportam à dignidade da pessoa humana, pois se todos têm direito ao meio ambiente ecologicamente equilibrado – essencial à sadia qualidade de vida –, preserva-se a vida, com dignidade, de todas as pessoas. Observamos que o art. 225 deve ser interpretado com vários outros na

---

38 FIORILLO, Celso Antônio Pacheco, 2011, p. 25-26.

Constituição Federal e demonstra, dessa forma, quão amplo é esse novo direito.

Para manter a sadia qualidade de vida os brasileiros necessitam que em seu ambiente cultural, onde se criou, trabalha e vive seja preservado de forma a dar sustentação ao seu desenvolvimento pessoal e coletivo. Parece uma ideia lógica, mas muitas vezes isso não ocorre e transforma essa vida psicológica e material em um verdadeiro caos. Exemplo clássico disso é a construção de hidrelétricas que ocasionam a mudança de uma cidade, deixando para trás toda uma história de vida. Perde-se a Igreja em que seus pais se casaram, o cemitério onde entes queridos foram enterrados, a praça que viu seus filhos brincarem e muito mais.

Essas são decisões que a sociedade tem que tomar, ou seja, antes dessa destruição a população envolvida tem que ser ouvida, pois a mudança tem que ser favorável a ela, isso porque apaga-se a identidade que levou anos para se forjar. Mas o início de outra cidade, para as gerações vindouras, também será construído por seus pais e nem tudo foi perdido, pois o patrimônio imaterial segue com as pessoas humanas. Muitas vezes, alguns bens devem ser sacrificados por um bem maior. Esse conjunto de bens, atualmente chamado de patrimônio cultural, foi constitucionalizado. Mas qual o significado desse termo? De onde provém?

Responde Choay:

> Patrimônio histórico. A expressão designa um bem destinado ao usufruto de uma comunidade que se ampliou a dimensões planetárias, constituído pela acumulação contínua de uma diversidade de objetos que se congregam por seu passado comum: obras e obras-primas das belas-artes e das artes aplicadas, trabalhos e produtos de todos os saberes e *savoir-faire* dos seres humanos.[39]

Choay vai no cerne da questão, quando iniciou-se a preocupação com o patrimônio histórico. Na atualidade, o patrimônio passou a ser estudado não somente em seu aspecto material, ou seja, com a preocupação com monumentos, objetos de arte, mas a visão de proteção e

---

[39] CHOAY, Françoise. *A Alegoria do Patrimônio*. Trad. Luciano Vieira Machado. 3ª ed. São Paulo: Estação Liberdade: UNESP, 2006, p. 11.

preservação tornou-se mais ampla. Essa amplitude trouxe ao patrimônio cultural a subdivisão em patrimônio material e imaterial.

Patrimônio cultural é uma expressão que revela o valor imensurável de bens materiais e imateriais. Conceituar esses bens é imprescindível para que se tenha em mente a dificuldade em discernir o que seja bem cultural. Explicita Paulo Affonso Leme Machado:

> (...) O patrimônio cultural representa o trabalho, a criatividade, a espiritualidade e crenças, o cotidiano extraordinário de gerações anteriores, diante do qual as gerações presentes terá que admitir um juízo de valor, dizendo o que quererá conservar, modificar e até demolir. Esse patrimônio é recebido sem mérito da geração que o precedeu. Mas não continuará a existir sem seu apoio. O patrimônio cultural deve ser fruído pela geração presente sem prejudicar a possibilidade de fruição da geração futura.[40]

A categoria de patrimônio cultural material pode ser entendida como aqueles bens palpáveis; o meio ambiente artificial, construído pelo homem. É a interpretação mais substancial para esse bem. Portanto, são aqueles bens imaginados, projetados pelo homem como os equipamentos públicos, documentos, monumentos, entre outros.

É importante destacar a constitucionalização do patrimônio cultural natural e também conceituá-lo, considerando-se que tanto a cultura como a natureza são patrimônios que devem ser preservados, a Constituição de 1988 dispõe em seu art. 216:

> Constituem patrimônio cultural brasileiro os bens de natureza material e imaterial, tomados individualmente ou em conjunto, portadores de referência à identidade, à ação, à memória dos diferentes grupos formadores da sociedade brasileira, nos quais se incluem:
>
> (...)
>
> V – os conjuntos urbanos e sítios de valor histórico, paisagístico, artístico, arqueológico, paleontológico, ecológico e científico.[41]

A Constituição de 1988 traz uma visão ampla e atual do que seja patrimônio. De forma que o patrimônio deve ter um "valor ecológico"

---

[40] MACHADO, Paulo Affonso Leme, 2014, p. 1092.

[41] BRASIL. Constituição da República Federativa do Brasil de 1988.

que seja portador de referência à identidade, à ação, à memória para os diferentes grupos formadores da sociedade brasileira.

Não se pode esquecer de que o art. 216, da Constituição de 1988, também se refere aos valores paisagístico, arqueológico e paleontológico os quais têm proteção jurídica particularizada, ou seja, o Patrimônio arqueológico que em apertada síntese é protegido pela Lei 3.924/61, que dispõe sobre os monumentos arqueológicos e pré-históricos; Lei 7.542/86, que dispõe sobre a pesquisa, exploração, remoção e demolição de coisas ou bens afundados, submersos, encalhados e perdidos em águas sob jurisdição nacional, em terreno de marinha e seus acrescidos e em terrenos marginais, em decorrência de sinistro, alijamento ou fortuna do mar, e dá outras providências. Quanto ao patrimônio paleontológico dispõe o Decreto-Lei n. 4.146/42 sobre a proteção dos depósitos fossilíferos.

O patrimônio cultural imaterial são aqueles referentes à identidade, à ação, à memória dos diferentes grupos formadores da sociedade brasileira, com bem descreve o art. 216 da Carta Política brasileira. Esses bens podem ser exemplificados com as músicas regionais, as formas diversificadas de religião do país, as comidas regionais entre tantos modos de criar, fazer e viver de uma Nação, revelados através das cidades onde as pessoas vivem.

Importante informar que no ano de 2000, foi editado o Decreto n. 3.551 que instituiu o Registro de Bens Culturais de Natureza Imaterial. De forma que existem os seguintes livros de registros: 1- Livro de Registro dos Saberes; 2- Livro de Registro das Celebrações; 3- Livro de Registro das Formas de Expressão; 4- Livro de Registro dos Lugares. Logicamente que deverá ser levado em consideração, para inscrição em qualquer desses livros, a continuidade histórica, que tenha relevância nacional para a memória, a identidade e a formação da sociedade brasileira e, haverá também um procedimento para instauração do registro.

São informações importantes, na vida das pessoas nas cidades, garantidos pela Constituição Federal de 1988, assim como também a garantia do desenvolvimento urbano pelos artigos 182 e 183.

A sintonia da Constituição Federal com as cidades é um somatório. Adiciona inumeráveis formas para garantir cidades que sejam construídas e mantidas de forma sustentável. Logicamente, isso não quer dizer que os problemas não existam. As cidades brasileiras têm dificuldades incalculáveis, e foi exatamente por isso que os artigos estabelecidos na Constituição foram regulamentados pelo Estatuto da Cidade, Lei 10.257 de 2001.

O Estatuto da Cidade, em seu art. 2º, Inciso I, prevê em síntese, que a política urbana deverá ordenar o desenvolvimento das cidades de acordo com várias diretrizes, dentre elas a garantia do direito a cidades sustentáveis, à moradia, saneamento, dentro outros. A moradia, questão fundamental já foi discutida. O que nos interessa no momento é o conceito de cidades sustentáveis.

Com razão, afirma Seguin que

> o desenvolvimento sustentável migrou de um conceito puramente ambiental-natural para transformar-se em tópico do Direito Urbanístico, propondo-se a encontrar a solução para os problemas das cidades, como o meio ambiente construído, compatibilizando o atendimento das necessidades humanas, nos seus variados aspectos, com a função socioambiental da cidade e da propriedade.[42]

Dessa forma um conceito de cidade sustentável seria aquela que cumpre todos os requisitos enumerados pela lei, ou seja, o direito à moradia para todos, vinculado ao saneamento básico ambiental, composto de toda uma infraestrutura urbana, transporte de qualidade. Isso sem falar de serviços públicos, direito ao trabalho e ao lazer.

Contudo, sabemos que nossas cidades estão longe de cumprir todas as diretrizes gerais que a Lei 10.257 estabelece. No entanto, tendo em vista muitas dificuldades "o estatuto também previu a cooperação entre os governos, a iniciativa privada e os demais setores da sociedade no processo de urbanização, em atendimento ao interesse social", afirma Seguin.[43]

A relação cidade e Constituição Federal é intrínseca. Houve uma preocupação do constituinte em organizar esse espaço, com planejamento adequado para melhorar as condições de vida humana. Evidente que caminhamos para resolver os problemas, muitas vezes em passos lentos, como demonstra, ainda Seguin:

---

42 SEGUIN, Elida. *Estatuto da Cidade*. Rio de Janeiro: Forense, 2005, p. 59.

43 SEGUIN, Elida, 2005, p. 63.

> Cidades mantêm uma dependência profunda e complexa com fatores externos, plenos de instabilidade e imprevistos, pois a compreensão e extensão dos impactos urbano-ambientais dependem, sobretudo, do modelo de desenvolvimento urbano de padrões de diferenciação social.[44]

Apesar de todos os dilemas vividos pelas cidades brasileiros, são nelas que mais de 80% da população se encontra, e depositam seus sonhos e também frustrações.[45]

Em relação aos sonhos, a serem realizados e a própria felicidade buscada nas cidades, Mitscherlich pensou como melhorar o contato humano com os espaços construídos.[46] Este tema foi tratado anteriormente sobre a dignidade da moradia do cidadão.

Alexander considera que existe pouca esperança em tornar o homem feliz quando sua moradia não atende a necessidade espacial, ou seja, "essas formas deturpadas de habitação contribuíram não pouco para a falta de relacionamento do cidadão com sua cidade".[47]

Mitscherlich sente que a residência mínima faz com que o relacionamento do cidadão com o espaço onde vive transcenda para a cidade como um todo. Todavia, ele sabe que é um problema complexo a ser resolvido. Com este entendimento ele cita a pergunta elaborada por Mumford: "quais seriam os pré-requisitos que as cidades teriam que cumprir para estarem adequadas às diversas idades da vida?".[48]

Certamente que parte dessa pergunta foi respondida com o Estatuto da Cidade, no que considera o que seja uma Cidade Sustentável. Entretanto, a verdade é que as políticas públicas deixam a desejar e causam dúvidas como a de Rammê quando diz que

> A proteção do direito fundamental ao ambiente ecologicamente equilibrado no Brasil, igualmente, é uma quimera. Indicadores de sustentabilidade e de bem-estar socioambiental não são sequer

---

44 SEGUIN, Elida, 2005, p. 60.

45 ROCCO, Rogerio. *Estudo de Impacto de Vizinhança*: instrumentos de garantia do direito ás cidades sustentáveis. Rio de Janeiro: Lumen Juris, 2005, p. xv.

46 MITSCHERLICH, Alexander, 1972, p. 38.

47 MITSCHERLICH, Alexander, 1972, p. 38.

48 MITSCHERLICH, Alexander, 1972, p. 38.

considerados nas decisões executivas da política socioambiental brasileira.[49]

A cidade do presente e do futuro devem ser contempladas com políticas efetivas, e não somente racionalizadas.

Mitscherlich, em rápida síntese, ensina que o desenvolvimento das cidades ao passar dos séculos tem levado a uma estagnação,

> Mas é somente desde a metade desse século que a paisagem urbana manifesta mudanças angustiantes. Se transforma cada vez mais em campo de batalha entre subculturas. Cidades anárquicas como Nova Iorque e Chicago hoje já se acham em plena autodissolução. O cinturão de favelas miseráveis, das assim chamadas 'Shanty Towns', que cerca as capitais da América Latina, é o laço que está enforcando esse crescimento caótico. [50]

Mitscherlich tinha um sentir totalmente negativo quanto ao desenvolvimento das cidades. Ele acreditava que a cidade nova somente tinha um futuro: "a destruição".[51] Chegou a frisar que o futuro das cidades está atrelado ao de cidadãos. De forma que para se ter cidades modelos devemos ter cidadãos modelos.

O autor não estava incorreto em sua afirmativa, pois entendemos que a educação é a base de todo cidadão. Se as cidades providenciam educação de qualidade consequentemente forjarão cidadãos de qualidade, ou modelo. A partir desta premissa o futuro da cidade deixa de ser negativo, pois o caminho a ser percorrido ainda é longo, no entanto existem saídas para que os mandamentos constitucionais sejam cumpridos, como os desenvolvidos neste trabalho.

3.5 CONSIDERAÇÕES FINAIS

Os direitos fundamentais foram construídos historicamente com e pela participação social dos cidadãos e, em consequência, normativa-

---

49 RAMMÊ, Rogério Santos. Federalismo Ambiental cooperativo e Mínimo Existencial socioambiental: a multidimensionalidade do bem-estar como fio condutor. In: *Veredas do Direito*, Belo Horizonte, vol. 10, n. 20, jul/dez, 2013, p. 147.

50 MITSCHERLICH, Alexander, 1972, p. 134.

51 MITSCHERLICH, Alexander, 1972, p. 132.

mente no âmbito externo e interno em diversos documentos jurídicos. O que contribuiu em muito para o consenso de serem os direitos individuais e direitos sociais interligados um mesmo núcleo, estabelecido no Princípio Constitucional da Dignidade da Pessoa Humana, norteador tanto do debate teórico quanto da produção normativa acerca do tema.

Não há dúvidas de que o constituinte vinculou os valores do meio ambiente sadio e ecologicamente equilibrado, à preservação do patrimônio cultural material e imaterial e aos direitos sociais. Ainda que não inseridos no rol do art. 5º, tais valores estão classificados na forma de direitos fundamentais. Veja-se o art. 5º, §2°, da Constituição de 1988, o qual reconhece a existência de direitos fundamentais positivados em outras partes do texto constitucional bem como em tratados internacionais, além do possível reconhecimento de direitos fundamentais não escritos e daqueles decorrentes do regime e dos princípios da Constituição.

REFERÊNCIAS

BONAVIDES, Paulo. *Curso de Direito Constitucional.* 12ª ed. São Paulo, Malheiros, 2002.

BONTEMPO, Alessandra Gotti. *Direitos Sociais* – Eficácia e Acionalidade à Luz da Constituição de 1988. Curitiba: Juruá, 2006.

BRANDÃO, Rodrigo. São os Direitos Sociais Cláusulas Pétreas? Em que medida? In: SOUSA NETO, Cláudio Pereira de; SARMENTO, Daniel. *Direitos Sociais* – fundamentos, jurisprudência em Direitos Sociais em Espécie. Rio de Janeiro: Lumen Juris, 2010.

BRASIL. Constituição da República Federativa do Brasil de 1988. Disponível em: <http://www.planalto.gov.br/ccivil_03/constituicao/ConstituicaoCompilado.htm>. Acesso em: 19 nov. 2014.

BRASIL. *Constituição da República Federativa do Brasil.* 33ª ed. São Paulo. Atlas, 2010.

CHOAY, Françoise. *A Alegoria do Patrimônio.* Trad. Luciano Vieira Machado. 3ª ed. São Paulo: Estação Liberdade: UNESP, 2006.

COSTA, Beatriz Souza. *Meio Ambiente como Direito à Vida no Direito Comparado*: Brasil, Portugal e Espanha. 2ª ed. Rio de Janeiro: Lumen Juris, 2013.

DERANI, Cristiane. *Direito ambiental econômico.* São Paulo: Saraiva, 2005.

FERREIRA FILHO, Manuel Gonçalves. *Comentários à Constituição brasileira de 1988*. 2ª ed. São Paulo: Saraiva, 1999, v. 2.

FIORILLO, Celso Antônio Pacheco. *Curso de Direito Ambiental Brasileiro*. 12ª ed. São Paulo: Saraiva, 2011.

LEITE, José Rubens Morato; PILATI, Luciana; JAMUNDÁ, Woldemar. Estado de Direito Ambiental no Brasil. In: KISHI, Sandra Adkemi Shimada *et al* (org.). *Desafios do Direito Ambiental no século XXI* – Estudos em Homenagem a Paulo Affonso Leme Machado. São Paulo: Malheiros, 2005.

MACHADO, Paulo Affonso Leme. *Direito Ambiental Brasileiro*. 22ª ed. São Paulo: Malheiros, 2014.

MILARÉ, Édis. *Direito do Ambiente*. 9ª ed. São Paulo: RT, 2014.

MITSCHERLICH, Alexander. *A Cidade do Futuro*. Trad. Idalina Azevedo da Silva. Rio de Janeiro: Biblioteca Tempo Universitário 35, 1972.

NOVAIS, Jorge Reis. *Direitos Fundamentais* – Trunfos contra a Maioria. Coimbra: Coimbra, 2006.

PEREZ LUÑO, Antonio Enrique. *Derechos Humanos, Estado de Derecho y Constitución*. Madrid: Tecnos, 1991.

PINTO, Élida Graziane. *Financiamento dos direitos fundamentais* – Políticas Públicas Vinculadas, Estabilização Monetária e Conflito Distributivo no Orçamento da União do Pós-Plano Real. Belo Horizonte: O Lutador, 2010.

PIOVESAN, Flávia. Direitos Humanos, o Princípio da Dignidade Humana e a Constituição de 1988. In: NOVELINO, Marcelo. *Direito Constitucional* – direitos humanos e direitos fundamentais. 3ª ed. São Paulo: Método, 2009.

RAMMÊ, Rogério Santos. Federalismo Ambiental cooperativo e Mínimo Existencial socioambiental: a multidimensionalidade do bem-estar como fio condutor. In: *Veredas do Direito*, Belo Horizonte, vol. 10 n. 20, jul/dez, 2013.

RIOS, Mariza. A prática jurídica fundada nos direitos humanos. In: *Veredas do Direito*, Belo Horizonte, vol. 6, nº 11, Jan/Jun, 2009.

RIOS, Mariza; CARVALHO, Newton Teixeira; KLEINRATH, Stella de Moura (coord.). *A Cidade Real e a Cidade Ideal* – Em uma Reflexão Transdisciplinar. Belo Horizonte: Del Rey, 2014.

ROCCO, Rogerio. *Estudo de Impacto de Vizinhança*: instrumentos de garantia do direito ás cidades sustentáveis. Rio de Janeiro: Lumen Juris, 2005.

SAMPAIO, José Adércio Leite. *Direitos Fundamentais*: retórica e historicidade. Belo Horizonte: Del Rey, 2010.

SARLET, Ingo Wolfgang. *A Eficácia dos Direitos Fundamentais*. Uma teoria geral dos direitos fundamentais na perspectiva constitucional. 10ª ed. Porto Alegre: Livraria do Advogado, 2010.

SARLET, Ingo Wolfgang (Org.). *Direitos Fundamentais Sociais*: Estudos de Direito Constitucional Internacional e Comparado. Porto Alegre: Livraria do Advogado, 2008.

SARLET, Ingo Wolfgang. *A eficácia dos direitos fundamentais*. 2ª ed. Porto Alegre: Livraria do Advogado, 2001.

SEGUIN, Elida. *Estatuto da Cidade*. Rio de Janeiro: Forense, 2005.

SILVA, José Afonso da. *Direito Ambiental Constitucional*. 9ª ed. São Paulo: Malheiros, 2011.

SILVA, José Afonso da. *Teoria do conhecimento Constitucional*. São Paulo: Malheiros, 2014.

SILVA, José Afonso da. *Comentário Contextual à Constituição*. São Paulo: Malheiros, 2007.

SARMENTO, Daniel (Org.). *Interesses Públicos versus Interesses Privados*: *Desconstruindo o Princípio da Supremacia do Interesse Público*. Rio de Janeiro: Lúmen Júris. 2007.

TORRES, Ricardo Lobo. A Metamorfose dos Direitos Sociais em Mínimo Existencial. In: SARLET, Ingo Wolfgang (org.). *Direitos Fundamentais Sociais:* Estudos de Direito Constitucional, Internacional e Comparado. Rio de Janeiro: Renovar, 2003.

TORRES, Ricardo Lobo. *O Direito ao Mínimo Existencial*. Rio de Janeiro: Renovar, 2009.

ZONCKUN, Carolina Zancaner. *Da Intervenção do Estado no Domínio Social*. São Paulo: Malheiros, 2009.

Capítulo IV

A PROPRIEDADE URBANA E SUA FUNÇÃO SOCIAL

Fernando Lage Tolentino
Mariza Rios

O presente capítulo, dando continuidade ao tema dos direitos fundamentais ambientais aplicados à Cidade, propõe-se a refletir sobre o tema da propriedade urbana com objetivo de delinear, em primeiro lugar, sua localização normativa, priorizando o caso brasileiro.

Em segundo lugar, buscou-se fazer uma releitura da função social da propriedade tencionando demonstrar as premissas que cercam a construção do modelo brasileiro, construído historicamente em busca do que acabou por ser uniformizado pela Constituição de 1988, como conceito e exercício do princípio da Função Social da Propriedade nos termos dessa Carta Constitucional.

Por consequência, isso determinou a obrigatoriedade da Política Urbana municipal pela adoção do Plano Diretor e pelo condicionamento explícito da obrigatoriedade da observância da Função Social como garantia de direitos fundamentais no campo urbano.

4.1 A PROPRIEDADE NO CONTEXTO URBANO

A primeira ideia a se considerar acerca da propriedade é a de que o instituto não se limita à compreensão individual do termo, em razão de ser a propriedade peça fundamental para a organização das relações sociais. Desse modo, os ordenamentos jurídicos, ao longo do tempo, trataram de estabelecer pressupostos diversos em seus institutos. De modo especial, a partir das Declarações de Direitos e das Constituições que marcaram o início das revoluções burguesas, o termo propriedade está sempre presente em uma estreita ligação com o ser humano em sua subsistência.

Tanto é verdade a referida noção que, nos ordenamentos constitucionais posteriores à Segunda Guerra Mundial, a propriedade passa a integrar uma das matérias de ordem econômica configurando-as como constituições econômicas. Isso permite afirmar que, do ponto de vista conceitual histórico, a propriedade antecede a própria constituição e está presente nas relações sociais, delimitando o poder de quem a possui e total ausência de poder de quem não a tem. Por isso, seu caráter privado ocupa a centralidade histórica do debate, de forma a constituir o principal meio para se adquirir poder e, com isso, além da ascendência econômica aos privilégios condicionada diretamente pela organização em que seu meio se atribui ao sistema de titularidade, apropriação e aproveitamento dos bens.

No entanto, a ideia de propriedade de caráter privado, exclusivo e absoluto, não é universal.

De acordo com Carlos Frederico Marés:

> (...) é uma construção recente. (...) surgiu na Europa lá por volta do século XIII, talvez antes, teorizado a partir do século XVI com as informações trazidas de cada parte do mundo as caravelas dos aventureiros, conquistadores e mercadores.[1]

Na tarefa de receber as notícias e compará-las com a realidade, os teóricos, segundo o mesmo autor, passaram a formular as teorias segundo a ideia de que

> (...) estado natural corresponderia um estado civil que pudesse gerir os novos tempos em que os pequenos grupos, feudos ou urbes já não teriam a autossuficiência de outrora, e o mercado passava a considerar os homens não mais pela sua nobreza ou pelas suas qualidades, mas pelo valor de seus bens acumulados e pelas capacidades ou disposição de acumular cada vez mais.[2]

A história também registra a existência de pelo menos dois tipos de propriedade: a pública e a privada, sendo a última puramente de caráter individual, atribuído não somente aos bens de consumo, mas também aos bens de produção. É perceptível a existência, no campo

---

1 SOUSA FILHO, Carlos Frederico Marés. *A função social da terra*. Porto Alegre: Sergio Fabris, 2003, p. 17.

2 SOUSA FILHO, Carlos Frederico Marés, 2003, p. 17.

da propriedade, da ideia cada vez mais impregnada de propriedades diversas, ou seja, um pluralismo que conduz o ordenamento jurídico a uma configuração própria para tratar os bens de natureza agrária, urbana, industrial, dentre outros. Leva ainda o Estado a se converter em instituição garantidora do pleno e ilimitado direito de propriedade dos bens individuais.

Assim, a propriedade se configura como um direito à apropriação do trabalho na perspectiva de adquirir renda pela participação, por exemplo, nas grandes empresas o que leva alguns autores a pensar ser a propriedade não um direito em razão de se valer do já garantido coativamente pelo poder, mas acreditando ser um direito humano por estar diretamente ligado ao direito natural, tendo em Locke, no século XVII, seu grande defensor. Para ele, a propriedade privada aparece como direito natural do indivíduo e, como tal, prévio e anterior ao próprio Estado, que surge para garantir o desfrutar do referido direito.

Pois bem, se é direito humano natural a todos os homens, porque a nem todos os homens foi conferido acesso a ela? Em uma sociedade onde a propriedade se configura como condição indispensável ao exercício do direito de liberdade é simples se concluir que o indivíduo está livre na medida em que tem poder e propriedade. Ademais, para Locke, a propriedade aparece tão estreitamente vinculada à natureza humana que em sua construção teórica, chega à conclusão de que a propriedade é direito exclusivo de seu titular.

A contradição conceitual e a crise de reconhecimento excessivo do papel do Estado, por seus instrumentos de coerção, na defesa e garantia da liberdade individual de contratar, de possuir bens, ou seja, propriedade quase que exclusivamente para enriquecimento individual, até em oposição ao próprio Estado, chega à reformulação constitucional das condições inerentes ao exercício do direito de propriedade, sendo a mais importante delas a sua função social, o que tratará o presente capítulo mais adiante, quando se falar no contexto urbano.

Assim, o tema da propriedade urbana ocupa a centralidade do debate jurídico e sociológico do Direito à Cidade não somente pelo arcabouço legislativo, mas, sobretudo, pela realidade das cidades brasileiras que foram construídas com uma dose substancial de ilegalidade, influenciado pelo mercado imobiliário cheio de imperfeições.

E, nesse sentido, o fundamento da teoria do direito urbanístico[3] encontra como desafio a construção e efetivação do Plano Diretor no que concerne, principalmente, ao uso e ocupação do solo e à regularização da propriedade.

Desse modo, a propriedade apresenta-se como um dos temas mais profícuos relacionados às ciências sociais. Destaca-se em estudos filosóficos, políticos, econômicos e jurídicos, despertando o interesse de vários pesquisadores como Pereira,[4] Cortiano Junior,[5] Pinto,[6] Marés,[7] Guijosa,[8] dentre outros.

Todavia, considerando a amplitude do tema e seus vários desdobramentos conceituais,[9] importa destacar que o presente capítulo tem como objetivo a análise da propriedade urbana, seguindo preferencialmente o enfoque jurídico.

O estudo do direito de propriedade, em especial a propriedade urbana, demanda do operador do direito a análise sistemática e conjugada das normas da Constituição da República Federativa do Brasil de 1988, do Código Civil brasileiro de 2002, bem como do Estatuto da Cidade de 2001.

---

3 PINTO, Vitor Carvalho. *Direito Urbanístico*: plano diretor e direito de propriedade. 4ª ed. rev. e atual. e ampl. São Paulo: Revista dos Tribunais, 2014.

4 PEREIRA, Caio Mário da Silva. *Instituições de Direito Civil*. vol. IV. 17ª ed. Rio de Janeiro: Forense, 2002, p. 59-60.

5 CORTIANO JÚNIOR, Eroulths. *O Discurso Jurídico da Propriedade e suas Rupturas*: uma análise do ensino do Direito de Propriedade. Rio de Janeiro: Renovar, 2002.

6 PINTO, Vitor Carvalho, 2014.

7 SOUSA FILHO, Carlos Frederico Marés, 2003.

8 GUIJOSA, María Astrid Muñoz. *El Derecho de Propriedad del Suelo*: de la Constitución a la ordenación urbana. Madrid: Civitas, 2009.

9 Atualmente não é possível falar em um conceito único e hermético de propriedade para o Direito. Muito pelo contrário. Mesmo o Direito Civil, que tradicionalmente vincula a ideia de propriedade aos bens móveis e imóveis, reconhece a amplitude da expressão para abarcar conceitos relativos à propriedade de bens incorpóreos, tais como a propriedade intelectual e os direitos autorais. Por fugir ao objetivo do presente capítulo, não será o tema das *propriedades* aprofundado, remetendo-se o leitor para FARIAS, Cristiano Chaves de; ROSENVALD, Nelson. *Curso de Direito Civil*. vol. V. 8ª ed. rev. e atual. e ampl. Salvador: Juspodivm, 2012, p. 266 e seguintes; e CORTIANO JÚNIOR, Eroulths, 2002, p. 110 e seguintes.

4.2 O REGIME JURÍDICO DO DIREITO DE PROPRIEDADE URBANA

O direito de propriedade recebe tratamento destacado pela Constituição Federal de 1988, estando expressamente previsto dentre o rol de direitos e garantias fundamentais. Dispõe o texto constitucional:

> Art. 5º. Todos são iguais perante a lei, sem distinção de qualquer natureza, garantindo-se aos brasileiros e aos estrangeiros residentes no País a inviolabilidade do direito à vida, à liberdade, à igualdade, à segurança e à propriedade, nos termos seguintes:
>
> (...)
>
> XXII – é garantido o direito de propriedade;
>
> XXIII – a propriedade atenderá a sua função social; (...).

Em princípio, pode-se afirmar que a propriedade seria um direito fundamental inviolável, assegurado constitucionalmente a seu titular (brasileiros ou estrangeiros residentes no País), desde que cumprida a sua função social.[10] Esse direito fundamental, de bases inicialmente liberais, está assegurado desde a Declaração de Direitos do Homem e do Cidadão, de 26 de agosto de 1789.[11]

Em um primeiro enfoque, seria possível vincular o direito fundamental de propriedade como uma garantia de liberdade do cidadão. A ideia de um asilo inviolável, que protegeria o cidadão de qualquer intervenção estatal indevida, bem como constituiria um local reservado para a privacidade, a intimidade e a integridade psíquica se desenvolverem sem a interferência da coletividade a sua volta.

Sobre o assunto assim se manifestam Cristiano Chaves de Farias e Nelson Rosenvald:

> O direito de propriedade, por si só, não garante as liberdades e direitos civis. Mas é um dispositivo eficiente para assegurá-los,

---

10 A análise detida do cumprimento da função social da propriedade, em especial a urbana, será realizada em tópico inserido ao final deste capítulo.

11 "Art. 17º Como a propriedade é um direito inviolável e sagrado, ninguém dela pode ser privado, a não ser quando a necessidade pública legalmente comprovada o exigir e sob condição de justa e prévia indenização."

> pois cria uma esfera autônoma na qual, por mútuo consentimento, nem o Estado, nem a sociedade podem cometer transgressões.[12]

Não obstante esse enfoque inicial, o direito fundamental de propriedade também está vinculado ao acesso das pessoas a um patrimônio mínimo existencial, que viabilizaria a concretização da dignidade da pessoa humana.[13] Considerando que boa parte da população brasileira resta afastada da possibilidade de se vincular à titularidade de bens, pode-se afirmar que o direito fundamental à propriedade também está relacionado com a possibilidade de acesso e reconhecimento desta titularidade. Assim, com Farias e Rosenvald:

> (...) num Estado Democrático de Direito, a Constituição Federal garante a propriedade não apenas em termos de tutela das posições jurídicas de direito privado já existentes, mas também a possibilidade de aceder a elas.[14]

Focando a análise na propriedade urbana, verifica-se que a Constituição Federal de 1988, ao regular a política de desenvolvimento urbano, dispõe:

> Art. 182. A política de desenvolvimento urbano, executada pelo Poder Público municipal, conforme diretrizes gerais fixadas em lei tem por objetivo ordenar o pleno desenvolvimento das funções sociais da cidade e garantir o bem-estar de seus habitantes.
>
> §1º – O plano diretor, aprovado pela Câmara Municipal, obrigatório para cidades com mais de vinte mil habitantes, é o instrumento básico da política de desenvolvimento e de expansão urbana.
>
> §2º – A propriedade urbana cumpre sua função social quando atende às exigências fundamentais de ordenação da cidade expressas no plano diretor.
>
> §3º – As desapropriações de imóveis urbanos serão feitas com prévia e justa indenização em dinheiro.
>
> §4º – É facultado ao Poder Público municipal, mediante lei específica para área incluída no plano diretor, exigir, nos termos da lei

---

[12] FARIAS, Cristiano Chaves de; ROSENVALD, Nelson, 2012, p. 281-282.

[13] FACHIN, Luiz Edson. *Estatuto jurídico do patrimônio mínimo*. 2ª ed. atual. Rio de Janeiro: Renovar, 2006, p. 20.

[14] FARIAS, Cristiano Chaves de; ROSENVALD, Nelson, 2012, p. 290.

> federal, do proprietário do solo urbano não edificado, subutilizado ou não utilizado, que promova seu adequado aproveitamento, sob pena, sucessivamente, de:
>
> I – parcelamento ou edificação compulsório;
>
> II – imposto sobre a propriedade predial e territorial urbana progressivo no tempo;
>
> III – desapropriação com pagamento mediante títulos da dívida pública de emissão previamente aprovada pelo Senado Federal, com prazo de resgate de até dez anos, em parcelas anuais, iguais e sucessivas, assegurados o valor real da indenização e os juros legais.

As disposições normativas ora colacionadas, somadas ao direito fundamental de propriedade já analisado e previsto no art. 5º da Constituição Federal de 1988, asseguram ao titular de propriedade imobiliária urbana o seu domínio sobre o bem, desde que respeitado o pleno desenvolvimento das funções sociais da cidade e assegurado o bem-estar de seus habitantes.

Existe, assim, claramente uma conformação do direito de propriedade urbana. E a origem desta conformação está na obrigatoriedade do titular atender às exigências do Plano Diretor municipal. Analisando o tema, Vitor Carvalho Pinto afirma:

> A teoria da conformação do direito de propriedade aplica-se claramente à Constituição brasileira. Esta consagra ao mesmo tempo a propriedade como direito fundamental e como instituição econômica. Além disso, o princípio da função social é citado nos capítulos relativos aos direitos fundamentais, ao sistema tributário, à ordem econômica, à política urbana e à reforma agrária. Fica claro que a propriedade terá um regime distinto conforme a natureza do bem que lhe sirva de objeto e que este regime não é determinado exclusivamente pela constituição, mas também por normas infraconstitucionais.[15]

Conforme será analisado adiante neste capítulo, a conformação da propriedade urbana, nos termos do art. 182, §2º da Constituição Federal de 1988, está vinculada à observância dos planos diretores, promulgados pelos Municípios brasileiros. Todavia, para o correto

[15] PINTO, Vitor Carvalho, 2014, p. 175.

entendimento das características da propriedade urbana, faz-se necessária uma análise prévia da definição de propriedade e de seus atributos exercidos pelo titular.

4.3 O REGIME JURÍDICO DA PROPRIEDADE NO CÓDIGO CIVIL

Inserido no Título II do Livro III – Do Direito das Coisas, o Código Civil vigente regula o direito de propriedade. Interessante destacar que o legislador pátrio optou por não apresentar uma conceituação do direito de propriedade,[16] definindo apenas as faculdades inerentes à propriedade. Dispõe o Código Civil:

> Art. 1.228. O proprietário tem a faculdade de usar, gozar e dispor da coisa, e o direito de reavê-la do poder de quem quer que injustamente a possua ou detenha.
>
> §1º O direito de propriedade deve ser exercido em consonância com as suas finalidades econômicas e sociais e de modo que sejam preservados, de conformidade com o estabelecido em lei especial, a flora, a fauna, as belezas naturais, o equilíbrio ecológico e o patrimônio histórico e artístico, bem como evitada a poluição do ar e das águas.
>
> §2º São defesos os atos que não trazem ao proprietário qualquer comodidade, ou utilidade, e sejam animados pela intenção de prejudicar outrem.
>
> §3º O proprietário pode ser privado da coisa, nos casos de desapropriação, por necessidade ou utilidade pública ou interesse social, bem como no de requisição, em caso de perigo público iminente.
>
> §4º O proprietário também pode ser privado da coisa se o imóvel reivindicado consistir em extensa área, na posse ininterrupta e de boa-fé, por mais de cinco anos, de considerável número de pessoas, e estas nela houverem realizado, em conjunto ou separadamente, obras e serviços considerados pelo juiz de interesse social e econômico relevante.
>
> §5º No caso do parágrafo antecedente, o juiz fixará a justa indenização devida ao proprietário; pago o preço, valerá a sentença como título para o registro do imóvel em nome dos possuidores.

---

[16] Nas palavras de Cristiano Chaves de Farias e Nelson Rosenvald, a propriedade pode ser conceituada como "uma relação jurídica complexa formada entre o titular do bem e a coletividade de pessoas" (2012, p. 263).

Assim, optou o direito positivo em descrever o direito de propriedade de forma relacionada aos atributos originários do *ius utendi, fruendi et abutendi*, somados ao *ius persequendi* (também denominado de direito de sequela). Destaque-se: o legislador ordinário, seguindo o disposto no texto constitucional, vincula diretamente a conceituação do direito de propriedade ao exercício desses atributos de forma a respeitar as finalidades econômicas e sociais do bem.[17]

O *ius utendi*, a faculdade de usar, informa que o titular do direito pode servir-se da coisa de acordo com a sua destinação econômica, sem provocar alterações na sua substância.[18] Esse uso pode ser direto (pelo próprio titular) ou indireto (concedido voluntariamente pelo titular a um terceiro). Compõe a definição da faculdade de usar a percepção de frutos naturais da coisa, conforme dispõe o art. 1.412 do Código Civil de 2002.

A leitura contemporânea do *ius utendi* não se vincula a um mero poder discricionário do proprietário sobre a coisa, que escolheria livremente se quer ou não usá-la. Importante aqui destacar a existência de uma espécie de dever de usar a coisa, vez que, não cumpridas as finalidades econômicas e sociais em virtude da não utilização ou abandono da coisa, pode o titular do direito vir a ser privado do seu direito de propriedade.[19]

A faculdade de gozar (de origem romana *ius fruendi*) consiste na prerrogativa do titular de explorar economicamente a coisa, extraindo dela os frutos e produtos,[20] bens acessórios vinculados ao principal, porventura existentes. Explica-se: frutos civis (rendas obtidas em virtude do uso da coisa por terceiros) e industriais (oriundos da alteração/transformação procedida pelo homem na natureza), excluídos os frutos naturais que fazem parte do direito de uso.

---

17 Ressalte-se que a análise do conteúdo das finalidades econômicas e sociais vinculadas ao exercício do direito de propriedade serão analisadas em item posterior, quando da exposição do tema da função social da propriedade.

18 FARIAS, Cristiano Chaves de; ROSENVALD, Nelson, 2012, p. 292; PEREIRA, Caio Mário da Silva, 2002, p. 68.

19 FARIAS, Cristiano Chaves de; ROSENVALD, Nelson, 2012, p. 293.

20 A doutrina civilista distingue os frutos e produtos levando-se em consideração a possibilidade ou não de renovação destes bens acessórios. A extração dos frutos não leva a seu exaurimento, vez que são renováveis, ao contrário dos produtos, cuja extração leva ao exaurimento, em virtude da não renovação.

Regulando a faculdade de gozar, o Código Civil dispõe no art. 1.232 que os frutos e demais produtos da coisa pertencem, mesmo quando separados, ao seu proprietário, excetuando-se a possibilidade de preceito jurídico especial destiná-los a outrem.

Completando o conteúdo positivo da estrutura dos atributos inerentes ao direito de propriedade, tem-se o *ius abutendi*, a faculdade de dispor da coisa. Em primeiro lugar, cumpre ressaltar que não se trata da antiga e ultrapassada interpretação dada pelo direito romano de abusar da coisa, consistente na possibilidade de o proprietário dar a destinação que bem entendesse, inclusive destruindo-a.

A faculdade de dispor consiste na possibilidade de o proprietário poder escolher a destinação que será dada à coisa, chegando ao limite da privação da sua substância por meio de atos como a venda ou doação, mas sem desrespeitar eventuais interesses da coletividade no exercício adequado do direito de propriedade. Nos dizeres de Caio Mário da Silva Pereira:

> O *ius abutendi*, no sentido de *disponendi*, envolve a *disposição material* que raia pela destruição (De Page) como a *jurídica*, isto é, o poder de alienar a qualquer título – doação, venda, troca; quer dizer ainda consumir a coisa, transformá-la, alterá-la; significa ainda destruí-la, mas somente quando não implique em procedimento antissocial. Em suma: dispor da coisa vai dar no fato de atingir a sua *substância*, uma vez que no direito a esta reside a essência mesma do domínio.[21]

Em segundo lugar, a disposição jurídica sobre a coisa pode ser total ou parcial. Na disposição total verifica-se a mutação subjetiva do direito real, sendo certo que o adquirente sucede o alienante, passando a ser o titular do exercício do domínio. Na disposição parcial não se verifica tal mutação, ocorrendo apenas a instituição de ônus reais sobre o bem, passando o proprietário a conviver com um direito real titularizado por outrem, que incide sobre um bem integrante de seu patrimônio.[22]

Tradicionalmente, a caracterização da propriedade como um direito real informa a existência de um direito titularizado por uma

---

[21] PEREIRA, Caio Mário da Silva, 2002, p. 70.

[22] FARIAS, Cristiano Chaves de; ROSENVALD, Nelson, 2012, p. 295.

pessoa que lhe permite exigir de toda a coletividade um dever de abstenção com relação à coisa apropriada. Da não observância deste dever geral de abstenção, surge para o titular o direito de reivindicar a coisa de quem a injustamente possua ou detenha: o chamado direito de sequela.

O *ius persequendi*, ou pretensão reivindicatória, dá ao titular da propriedade o direito de acionar judicialmente terceiros que indevidamente queiram usar, gozar ou dispor da coisa, excluindo assim os não proprietários do exercício das faculdades componentes da estrutura da propriedade. Neste sentido, lecionam Cristiano Chaves de Farias e Nelson Rosenvald:

> Podemos observar que as faculdades de usar, gozar e dispor compreendem os elementos internos ou econômicos do direito de propriedade. Por intermédio do seu exercício é que o proprietário obterá as vantagens pecuniárias decorrentes de sua titularidade e exercitará o poder imediato sobre a coisa. Trata-se de conteúdo positivo da propriedade, que na verdade não passa do domínio.
>
> Em contrapartida, o poder de reivindicar também denominado elemento externo ou jurídico da propriedade, por representar a pretensão do titular do direito subjetivo de excluir terceiros de indevida ingerência sobre a coisa, permitindo que o proprietário mantenha a sua dominação sobre o bem, realizando verdadeiramente a almejada atuação socioeconômica.[23]

O Código Civil vigente dispõe a respeito da extensão do direito de propriedade do solo, regulando a possibilidade do proprietário utilizar tanto o espaço aéreo quanto o subsolo correspondentes nos seguintes termos:

> Art. 1.229. A propriedade do solo abrange a do espaço aéreo e subsolo correspondentes, em altura e profundidade úteis ao seu exercício, não podendo o proprietário opor-se a atividades que sejam realizadas, por terceiros, a uma altura ou profundidade tais, que não tenha ele interesse legítimo em impedi-las.
>
> Art. 1.230. A propriedade do solo não abrange as jazidas, minas e demais recursos minerais, os potenciais de energia hidráulica, os monumentos arqueológicos e outros bens referidos por leis especiais.

[23] FARIAS, Cristiano Chaves de; ROSENVALD, Nelson, 2012, p. 296.

> Parágrafo único. O proprietário do solo tem o direito de explorar os recursos minerais de emprego imediato na construção civil, desde que não submetidos a transformação industrial, obedecido o disposto em lei especial.

Algumas considerações são necessárias.

O mais adequado seria o legislador civilista ter feito menção não à extensão do direito de propriedade, mas sim à extensão do exercício das faculdades de uso e gozo do bem imóvel.[24] Impedir o proprietário de extrapolar a mera superfície do solo desnaturaria por completo a própria concepção jurídica de usar e gozar do bem.

Entretanto, andou bem o legislador civilista ao determinar que o proprietário é obrigado a aceitar que atividades sejam realizadas por terceiros, tanto particulares quanto a Administração Pública, em alturas ou profundidades tais que não tenha interesse legítimo em não permiti-las. Analisando especificamente a propriedade urbana e a previsão da Carta de Atenas a respeito da função essencial de circulação nos centros urbanos, verifica-se em determinadas situações a necessidade de utilização do subsolo, não podendo o proprietário opor-se a tal atividade, salvo se demonstrar prejuízo.

Em consonância com o disposto no art. 176 da Constituição Federal de 1988,[25] o Código Civil restringe a propriedade do subsolo, dispondo que jazidas, minas e demais recursos minerais são de propriedade da União, sendo garantido ao concessionário a propriedade do produto da lavra.

Ainda sob a ótica civilista, cumpre destacar que nos termos do art. 1.231 do Código Civil, a propriedade presume-se plena e exclusiva, até prova em contrário. Assim, como regra, a propriedade é alodial, vez que os atributos vinculados ao uso, gozo, disposição e reivindicação estão todos inseridos na esfera de atuação do proprietário.[26] Não

---

[24] FARIAS, Cristiano Chaves de; ROSENVALD, Nelson, 2012, p. 355; PEREIRA, Caio Mário da Silva, 2002, p. 71.

[25] "Art. 176. As jazidas, em lavra ou não, e demais recursos minerais e os potenciais de energia hidráulica constituem propriedade distinta da do solo, para efeito de exploração ou aproveitamento, e pertencem à União, garantida ao concessionário a propriedade do produto da lavra."

[26] FARIAS, Cristiano Chaves de; ROSENVALD, Nelson, 2012, p. 304.

obstante, afirmar que a propriedade é alodial não significa de maneira nenhuma que o proprietário, em especial o proprietário urbano, pode dar qualquer uso ou destinação ao bem, em desrespeito à coletividade.

4.4 O REGIME DA PROPRIEDADE URBANA NO ESTATUTO DA CIDADE

Com vistas à regulamentação infraconstitucional dos arts. 182 e 183 da Constituição Federal de 1988, foi promulgada, em 10 de julho de 2001, a Lei nº 10.257, denominada Estatuto da Cidade. O objetivo do Estatuto é dispor a respeito da execução da política urbana, definindo parâmetros para o uso adequado e racional da propriedade urbana em favor do interesse coletivo, tendo sempre como norte a consecução da função social da cidade.

Nesse sentido, leciona José Afonso da Silva:

> Com as normas dos arts. 182 e 183 a CF fundamenta a doutrina segundo a qual a propriedade urbana é formada e condicionada pelo direito urbanístico a fim de cumprir sua função social específica: realizar as chamadas funções urbanísticas de propiciar habitação (moradia), condições adequadas de trabalho, recreação e circulação humana; realizar, em suma, as funções sociais da cidade (CF, art. 182).[27]

Considerando especificamente a propriedade urbana, o Estatuto, nos termos do art. 2º, preceitua:

> Art. 2º A política urbana tem por objetivo ordenar o pleno desenvolvimento das funções sociais da cidade e da propriedade urbana, mediante as seguintes diretrizes gerais:
>
> (...)
>
> VI – ordenação e controle do uso do solo, de forma a evitar:
>
> a) a utilização inadequada dos imóveis urbanos;
>
> b) a proximidade de usos incompatíveis ou inconvenientes;

---

[27] SILVA, José Afonso da. *Direito Urbanístico Brasileiro*. 6ª ed. rev. e atual. São Paulo: Malheiros, 2010, p. 75.

c) o parcelamento do solo, a edificação ou o uso excessivos ou inadequados em relação à infraestrutura urbana;

d) a instalação de empreendimentos ou atividades que possam funcionar como polos geradores de tráfego, sem a previsão da infraestrutura correspondente;

e) a retenção especulativa de imóvel urbano, que resulte na sua subutilização ou não utilização;

Da análise do dispositivo legal em comento conclui-se que o uso dos imóveis urbanos, bem como o parcelamento, edificação e utilização do solo urbano devem estar em consonância com a política de infraestrutura urbana, para que a função social da cidade seja alcançada. Essa política está prevista no plano diretor da Cidade que, considerando as peculiaridades locais, conforma o direito de propriedade urbana.

Em outras palavras, o titular do direito de propriedade urbana tem resguardado o direito de exercer os atributos de uso, fruição e disposição sobre o bem, desde que observe as normas cogentes previstas no plano diretor.

Para Vitor Carvalho Pinto, Plano Diretor, historicamente, marca sua importância bem antes da Constituição de 1988. A partir da referida Constituição, temos a "definição de um conceito nacional de plano diretor"[28] e, ademais, o mesmo assume o lugar de condição de interpretação da própria Constituição. O que torna perceptível ser o tema objeto de dispositivos próprios, no corpo constitucional, relativos à competência dos entes federados sobre o tratamento da política urbana, sendo, nesse contexto o Plano Diretor definido como instrumento básico de toda a política urbana. Assim define o artigo 182, parágrafo primeiro:

> O Plano Diretor, aprovado pela Câmara Municipal, obrigatório para as cidades com mais de vinte mil habitantes, é o instrumento básico da política de desenvolvimento e de expansão urbana.

E, a política urbana, conforme artigo 59 da Lei nº 10.257 de 2001, Estatuto da Cidade: "(...) tem como objetivo ordenar o pleno desenvolvimento das funções sociais da cidade e da propriedade urbana (...)".

---

28 PINTO, Vitor Carvalho, 2014, p. 101.

Assim, a Propriedade Urbana se reconfigura como um modelo em que o seu exercício está condicionado à função social.

4.5 FUNÇÃO SOCIAL DA PROPRIEDADE URBANA

O aspecto da função social se tornou, com a Constituição de 1988, um dos temas mais tratados por pesquisadores de várias áreas tanto das ciências sociais como política, sociologia, economia e direito, além de outras.

Em termos gerais, Marés descrevendo sobre a propriedade moderna, afirmou que "o desenvolvimento capitalista transformou a terra em propriedade privada, e a terra transformada em propriedade privada promoveu o desenvolvimento capitalista".[29] Com isso, a luta pela vida se desencadeou de várias formas em boa parte do mundo. O socialismo europeu radicalizou, entendendo que a dignidade humana somente seria possível sem a propriedade privada; *a Rerum Novarum* (1891), segundo o mesmo autor,

> propunha que o contrato, fundamento da propriedade, deveria ser revisto, isto é, a liberdade contratual e o livre exercício do direito de propriedade deveriam sofrer limitações para que fosse mantida a propriedade em nome da dignidade e da vida.[30]

Nessa paisagem, surge no Continente europeu, o Estado Social de Direito com a preocupação voltada ao cidadão, por isso os direitos sociais surgem e se constitucionalizam em vários Estados europeus dando a todos os cidadãos saúde, educação, dentre outros, mas entendeu o Estado Social que a liberdade capitalista e, consequentemente, a privada deveria se manter nos moldes anteriores. Assim, as promessas do Estado Social se consolidaram exportando o modelo de Estado Social para o mundo chegando à América Latina, de acordo com Marés, fruto da expansão da produção em massa,

> (...) baseado na mão de obra barata, na dificuldade de acesso à terra e na exploração da miséria e do analfabetismo (...) benefícios

[29] SOUSA FILHO, Carlos Frederico Marés, 2003, p. 82.
[30] SOUSA FILHO, Carlos Frederico Marés, 2003, p. 82.

sociais legislado à conta gotas não chegaram nunca aos reais necessitados e destinatários.[31]

Nesse contexto pós-Primeira Guerra Mundial (1914–1918) que marcou o fim do Modelo Liberal, o Estado ganhou nova face onde a participação na vida das pessoas era a promessa fundamental onde Constituições nacionais reconhecem e efetivam a intervenção do Estado nas relações sociais, sobretudo na ordem econômica para que os direitos sociais sejam construídos e efetivados lhe dando o nome de Estado Social de Direito. Nessa paisagem, como modelo das constituições concretas que fizeram tais mudanças, temos a Constituição de Weimar em 1919, na Alemanha, trazendo em seu texto um capítulo sobre as relações econômicas, a continuidade do princípio da liberdade condicionada aos limites da lei, ou seja, a supremacia da lei e, nesse contexto, a propriedade passa a conter a obrigatoriedade, em seu uso e exercício, do que mais tarde foi configurado como princípio da função social, com a nítida ideia de que a propriedade geraria também obrigação.

Pois bem, com o Estado Social, segundo Marés, a propriedade passou a se ligar diretamente com a indústria sendo a zona rural lugar de produção com tecnologia subsidiada pelo próprio Estado em um processo em que a "natureza foi submetida às necessidades humanas".[32] Para a América Latina, o Estado Social, pelo seu contexto, estava condicionado ao limite de uma nova ordem econômica em que a justiça estivesse presente e sendo a terra lugar central que esperava essa mudança.

O Brasil, por sua vez, em razão dos movimentos que iam se fortalecendo no campo, Vargas – de 1930 a 1945 – intervém no campo promovendo uma reforma no contrato de trabalho criando, assim, a Justiça do Trabalho e um conjunto de leis trabalhistas de maneira tão forte que reeleito (1951–1954), recebeu o título de "pai dos pobres". Contudo, as lutas camponesas se mantiveram presentes questionando o próprio modelo de Reforma Agrária capitalista, que previa apenas a mudança de proprietários, a partir do capital, transformando a terra

---

[31] SOUSA FILHO, Carlos Frederico Marés, 2003, p. 82.
[32] SOUSA FILHO, Carlos Frederico Marés, 2003, p. 86.

improdutiva em produtiva e liberando capital para o investimento em outros negócios.

Com o incentivo à indústria, há a desvalorização do homem camponês que, perdendo suas terras em massa, leva-o do campo para a cidade em busca de alternativa de trabalho na indústria o que leva as cidades, até então minúsculas, a crescerem de forma desordenada, sobretudo pela produção de aglomerados sem qualquer atenção pública, de forma que as próprias pessoas iam se organizando.

E, aí, a propriedade urbana ocupa lugar de negócio, de conflito e de urgência de regularização, o que conduz, por meio de longa luta histórica, à Constituição de 1988 onde a propriedade urbana ocupa centralidade para se organizar, urbanizar e pensar a cidade como detentora de direito, de cuidado e, porque não dizer, de lugar onde a dignidade humana grita por moradia digna e justa para a maior parte da população, em favelas e guetos, submetidos à insegurança pela ausência do Estado.

Assim, o princípio da função social da propriedade constitui peça-chave de um novo direito, o Direito Urbanístico que, na Constituição de 1988, em seu artigo 182, parágrafo 2º determina seu cumprimento associado ao atendimento das "exigências fundamentais de ordenação da cidade expressas no plano diretor". Reconhece Carvalho Pinto que a função social da propriedade urbana ocupa o lugar de "(...) princípio fundamental do direito urbanístico e técnica de operacionalização do urbanismo".[33]

Do ponto de vista doutrinário, de ponto de vista do Direito positivo, tem sua marca registrada na França onde a ideia predominante é esta centralizada na certeza de um executivo forte com grande capacidade de intervenção em um Estado tecnicamente intervencionista. Nesse sentido, afirma Carvalho Pinto, frente a um modelo liberal de propriedade

> propunha como alternativa a subordinação dos empresários à direção do Estado, permitindo-lhes conservar a propriedade, mas transformando-os na prática em verdadeiros funcionários públi-

---

[33] PINTO, Vitor Carvalho. *Direito Urbanístico*: plano diretor e direito de propriedade. 2ª ed. São Paulo: Revista dos Tribunais, 2005, p. 141.

> cos. A regulamentação da atividade produzida pelo Estado seria completa, não restando aos proprietários qualquer liberdade de iniciativa. Esta é a concepção que foi dada a denominação de 'função social da propriedade'.[34]

Citando Santi-Simon, Carvalho Pinto sobre o sistema social indica que, na verdade, "todo sistema social não é mais do que a aplicação de um sistema de ideias"[35] e que assim, a sociedade industrial deveria buscar se organizar de acordo com os princípios da ciência, cujo modelo da época seria o modelo da física editado por Newton. O que, para o mesmo autor, foi criticado por Marx porque levaria à substituição da política pela administração pública, sendo o Estado dirigido de forma particular assemelhado à indústria. O que significaria dizer que em lugar da política ocupa a ciência da produção que "tem por objetivo a ordem das coisas mais favoráveis a todos os gêneros da produção".[36] Nesse contexto é que surge o conceito de função social da propriedade. A ideia central dessa lógica é a de que a propriedade é a função cabendo ao proprietário ocupar o lugar de depositário e administrador dessa função em nome de toda sociedade.

Contudo a ideia de preservação da propriedade privada que, em defesa da permanência da liberdade contratual do proprietário, o transforma em administrador o funcionário público submetido a uma política que determina sua destinação não se sustenta em razão de o mesmo não abrir mão da liberdade de decidir sobre seus interesses.

Sob a ótica do direito subjetivo em Leon Diguit, Carvalho Pinto reconhece sua formulação nos termos da defesa de uma função social da propriedade como superação da concepção individualista fundada em 1789 na Declaração dos Direitos do Homem e no Código Civil de Napoleão de 1804. Nesse contexto, para Diguit, citado por Carvalho Pinto, direito subjetivo foi definido como "o poder que corresponde a uma vontade de impor-se como tal a várias vontades, quando quer uma coisa que não esta proibida por lei".[37] Isso tendo como funda-

---

[34] PINTO, Vitor Carvalho, 2005, p. 142.
[35] PINTO, Vitor Carvalho, 2005, p. 142.
[36] PINTO, Vitor Carvalho, 2005, p. 143.
[37] PINTO, Vitor Carvalho, 2005, p. 155.

mento originário as Declarações de Direitos que asseguram serem os homens livres e iguais em termos de direitos.

A crítica de Diguit fundamentou outra lógica onde a função social pensaria o homem, não como ser isolado, mas parte integrante do tecido social, sendo meio e não fim, e nesse sentido a propriedade deixaria de ser direito de impor ao outro o respeito à sua vontade e, foi nesse sentido que Diguit criticou o Código de Napoleão em sua definição de o direito de gozar de uma coisa de forma eminentemente absoluta.

O Brasil, adotando lógica própria, nos termos da Constituição de 1988, pautado em uma longa história social e legislativa em um esforço que levou o Brasil ao centro internacional de experiência de produção de ordenamento jurídico e, por consequência de política pública voltada à ordem urbana em que a propriedade está submetida à função social sob responsabilidade primeira do poder público legitimamente instituindo com o fim de assegurar o cumprimento do mandato nos termos constitucionais.

Carvalho Pinto concorda que não é possível, no caso brasileiro, adotar o conceito de função social da propriedade da forma como é abordada por Diguit porque nossa Constituição adotou num modelo intermediário entre a proposta dogmática e a proposta de Diguit, conforme descrito acima. Dessa forma, informa Carvalho Pinto que:

> No capítulo dos Direitos e Deveres Individuais e Coletivos afirma se, por um lado, que 'propriedade atenderá a função social', mas por outro, que 'é garantido o direito de propriedade' (art. 5º, XXIII e XXII). Conclui-se que a propriedade não é uma função social, mas um direito, que tem uma função social. (...) A mesma conciliação é feita no capítulo dos Princípios Gerais da Atividade Econômica, no qual a função social da propriedade figura ao lado da livre iniciativa e da propriedade privada (art. 170, *caput*, II e III). Um limite preciso à função social da propriedade é estabelecido no art. 174, segundo o qual, 'como agente normativo e regular da atividade econômica, o Estado exercerá, na forma da lei, as funções de fiscalização, incentivo e planejamento', sendo este determinante para o setor público e indicativo para o setor privado.[38]

[38] PINTO, Vitor Carvalho, 2005, p. 155-159.

Nesse sentido, a Constituição Federal de 1988 valorizou a função social da propriedade pelo menos no Capítulo da Política Urbana, Agrícola e Fundiária, sendo que o primeiro, centralidade do estudo em tela, aponta efetivamente que o exercício da função social, este diretamente vinculado ao Plano Diretor, conforme artigo 182, parágrafos 2º e 4º em que se encontra os requisitos necessários para o exercício da propriedade urbana. Nesse sentido, no que se refere ao campo, por exemplo, Delzi Laureano, falando sobre a reforma agrária, reconhece que a questão da propriedade é uma questão de justiça social e de soberania popular dando ênfase à ideia de que a propriedade além de ser um bem individual é também um direito coletivo da comunidade.[39]

No plano administrativo, concorda Carvalho Pinto que quanto à caracterização de regime da função social da propriedade se utiliza,

> Por analogia, os princípios do direito administrativo relativos à função pública. (...) campo privilegiado para a aplicação desta doutrina sempre foi o da política urbana, uma vez que grande parte dos problemas urbanos tem sido atribuída ao fenômeno da especulação imobiliária. Se no direito administrativo é a lei que define as atribuições de um campo público, constituindo-se então o poder dever de exercê-la, no direito urbanístico é o plano que define o potencial construtivo dos imóveis urbanos, cabendo aos seus proprietários exercê-los.[40]

Assim, o Brasil por sua luta histórica onde o público, o privado e a sociedade se empenham, claro forçados pela crise do modelo antigo e pela pressão social, na construção de um modelo que, se por um lado continua reconhecendo a propriedade como direito, por outro e, porque não dizer agregado a este, com firmeza legislativa cria e imprime obrigação coletiva – Pública e Privada – pela observância do princípio da participação social como condição para o exercício do direito de propriedade. Assim, determina a vontade social na Constituição de 1988 e na farta legislação infraconstitucional.

---

[39] LAUREANO, Delzi dos Santos. MST, 25 anos de luta por reforma agrária. In: *Veredas do Direito*. Belo Horizonte, ESDHC. Vol. 6, nº 11. Janeiro/Junho de 2009.

[40] PINTO, Vitor Carvalho, 2005, p. 160.

Por fim, o presente capítulo cumpriu, na visão dos autores, sua função de apresentar a propriedade sob o ponto de vista do direito centrado na Constituição de 1988, delineando, no referido contexto, a obrigatoriedade de Política Urbana, descrita no Plano Diretor de cada município, o planejamento efetivo para o reconhecimento, o exercício e o cuidado com a propriedade que, em nosso caso concreto, está reconhecida como um direito fundamental obrigatoriamente condicionado ao princípio da Função Social da Propriedade.

REFERÊNCIAS

BRASIL. Constituição da República Federativa do Brasil, de 05 de outubro de 1988. Disponível em: <http://www.planalto.gov.br/ccivil_03/constituicao/constituicao.htm>. Acesso em: 02 set. 2014.

BRASIL. Lei n. 10.257, de 10 de julho de 2001. Regulamenta os arts. 182 e 183 da Constituição Federal estabelecem diretrizes gerais da política urbana e dá outras providências. Disponível em: <http://www.planalto.gov.br/ccivil_03/leis/leis_2001/l10257.htm>. Acesso em: 02 set. 2014.

BRASIL. Lei n. 10.406, de 10 de janeiro de 2002. Institui o Código Civil. Disponível em: <http://www.planalto.gov.br/ccivil_03/leis/2002/l10406.htm>. Acesso em: 02 set. 2014.

CORTIANO JÚNIOR, Eroulths. *O Discurso Jurídico da Propriedade e suas Rupturas*: uma análise do ensino do Direito de Propriedade. Rio de Janeiro: Renovar, 2002.

DEL NEGRI, André. *A divisão no espaço urbano*. Belo Horizonte: Fórum, 2012.

FACHIN, Luiz Edson. *Estatuto jurídico do patrimônio mínimo*. 2ª ed. atual. Rio de Janeiro: Renovar, 2006.

GUIJOSA, María Astrid Muñoz. *El Derecho de Propriedad del Suelo*: de la Constitución a la ordenación urbana. Madrid: Civitas, 2009.

FARIAS, Cristiano Chaves de; ROSENVALD, Nelson. *Curso de Direito Civil*. vol. V. 8ª ed. rev. e atual. e ampl. Salvador: Juspodivm, 2012.

LAUREANO, Delzi dos Santos. MST, 25 anos de luta por reforma agrária. In: *Veredas do Direito*. Belo Horizonte, ESDHC. Vol. 6, nº 11. Janeiro/Junho de 2009.

PEREIRA, Caio Mário da Silva. *Instituições de Direito Civil*. vol. IV. 17ª ed. Rio de Janeiro: Forense, 2002.

PINTO, Vitor Carvalho. *Direito Urbanístico*: plano diretor e direito de propriedade. 2ª ed. São Paulo: Revista dos Tribunais, 2005.

PINTO, Vitor Carvalho. *Direito Urbanístico*: plano diretor e direito de propriedade. 4ª ed. rev. e atual. e ampl. São Paulo: Revista dos Tribunais, 2014.

SILVA, José Afonso da. *Direito Urbanístico Brasileiro*. 6ª ed. rev. e atual. São Paulo: Malheiros, 2010.

SOUSA FILHO, Carlos Frederico Marés. *A função social da terra*. Porto Alegre: Sergio Fabris, 2003.

Capítulo V

USO E OCUPAÇÃO DO SOLO

Newton Teixeira Carvalho
Stephanie Rodrigues Venâncio

O uso e a ocupação do solo e o padrão de urbanização brasileiro ainda não levam em consideração a necessidade de um desenvolvimento sustentável, eis que a expansão considera, antes de tudo, aspectos políticos que, aliados às necessidades empresariais, conseguem modificação na legislação local, em prol de um crescimento preocupado apenas com o lucro imediato e em total desprezo a esta geração e às gerações futuras.

Assim, a cidade geralmente aflora sem prévio ou correto planejamento. Os construtores desses aglomerados urbanos chegam em locais sem nenhuma infraestrutura para acolhê-los. São lançados em casebres ou muitos procuram locais não apropriados à moradia. Assim, a qualidade de vida desta população, construtora da cidade real, não é saudável, como também não são os locais em habitam, na cidade paralela.[1] Não há esgoto. Não há infraestrutura. A qualidade de vida, por conseguinte, é péssima. A expansão desses guetos é sem nenhum planejamento. É casa sobre casa, em pequenos espaços, sem preocupação com a segurança e se o prédio debaixo suporta nova construção.

Dentro da própria cidade real, portanto, construída em consonância com os ditames legais e que recebe maior parcela dos investimentos públicos, outra cidade também é levantada, longe dos investimentos, crescendo desenfreadamente, a ressaltar, constantemente, as diferenças socioambientais.

---

[1] Chamaremos, neste trabalho, de cidade paralela as comunidades despidas do mínimo básico, no tocante à moradia, a exigir direitos outros indispensáveis, tais como o de alimentação, saúde, educação, mobilidade urbana etc.

Há, por conseguinte, uma cidade real, na busca do ideal de convivência, mediante políticas públicas, e a cidade marginalizada, paralela, ilegal, a qual o poder público insiste em ignorar ou, quando dela se lembra, é apenas através de atos hipócritas ou com o escopo de enganar aquela específica população, com promessas vazias e discursos utópicos.

Como se não bastasse esta realidade, a política pública atual é a de que as comunidades – que o próprio poder público deixou agigantar-se em locais impróprios –, em sua horizontalidade, agora deverão se verticalizar com construção de pequenos prédios para moradia, sem antes se preocupar com a educação destas pessoas e também sem entender que, de uma dia para o outro, não poderá haver mudança cultural e até mesmo de postura.

Depois, não se pode desprezar, na fase atual do crescimento metropolitano, a dimensão ambiental, principalmente no que tange ao uso e ocupação do solo, o parcelamento dos lotes, inclusive com relação aos assentamentos habitacionais destinados às pessoas de baixa renda, sua localização e impacto que causará na mobilidade urbana.

Não basta fincar prédio. É necessário preocupar-se com toda a infraestrutura, começando pelo local da construção, depois com o material a ser empregado na obra, preocupar-se com a captação e escoamento da água, esgoto, com os espaços públicos (escola, postos de saúde, praças), com a mobilidade (linhas e pontos de ônibus), além de, quando se tratar de mera remoção, ou seja, da horizontalidade à verticalidade, que tal ato seja espontâneo e não exigência autoritária do poder público, que sequer dialogou diretamente com as partes interessadas, num pseudopaternalismo.

Com relação aos novos empreendimentos, na cidade real, que também sejam realizados de maneira racional, com menos poluição visual e também com um planejamento voltado ao ambiental, com a possibilidade de menores gastos de energia e água, de reaproveitamento da água pluvial e considerando também um padrão ideal mínimo por metro quadrado, de maneira que tais construções não sejam excessivamente grandes nem modestamente pequenas.

A demonstrar o crescimento despreocupado e desenfreado das regiões metropolitanas, destacamos as colocações de Marta Grostein, professora, arquiteta e urbanista, a retratar bem a realidade brasileira, inclusive no momento presente:

> O processo de urbanização brasileiro, na segunda metade do século XX, conduziu à formação de 12 regiões metropolitanas e 37 *aglomerações urbanas não metropolitanas,* que concentram 47% da população do país. Nas 12 áreas metropolitanas, residem 33,6% da população brasileira (52,7 milhões de habitantes), em extensos conglomerados que envolvem 200 municípios (Ipea/Unicamp-IE-Nesur/IBGE, 1999). Esses complexos metropolitanos compreendem municípios com funções complementares, gestão independente e capacidade financeira desigual. Estas características dificultam e condicionam o atendimento das demandas sociais e de infraestrutura urbana que, na maioria dos casos, surgem da relação funcional entre municípios e dependem de soluções que extrapolam seus limites político-administrativos, equacionando-se na escala regional. As regiões metropolitanas, por contingência ou natureza das relações estabelecidas entre municípios que a compõem, dependeriam de políticas integradas de desenvolvimento urbano e de ações articuladas, que seriam próprias de uma gestão compartilhada. Pela ausência histórica de procedimentos desse tipo, agravaram-se as inadequações no uso e ocupação do solo com forte impacto ambiental.[2]

Necessário continuar com as colocações de Grostein, na mesma página do artigo antes citado, eis que, além dos dados estatísticos, a demonstrar que não estamos apenas teorizando, retratam a realidade brasileira, bem como demonstram a ausência de políticas públicas no setor habitacional e, pior, demonstram a omissão das autoridades a permitir, talvez como desencargo de consciência, que construções irregulares sejam erguidas e depois regularizadas, mediante leis que acabam por aprovar loteamentos irregulares, que surgem em diversos locais e que poderiam ser interditados, no início, evitando-se, por conseguinte, a triste realidade, abaixo descrita:

> Na década de 80, as periferias das nove regiões metropolitanas cresceram 3,1%, enquanto o município-sede apresentou índices

---

2 GROSTEIN, Marta Dora. Metrópole e expansão urbana – a persistência de processos "insustentáveis". *São Paulo em Perspectiva.* Vol. 15, n. 1. São Paulo Jan./Mar. 2001. Disponível em: <http://dx.doi.org/10.1590/S0102-88392001000100003>. Acesso em: 14 out. 2014.

da ordem de 1,4% (Ipea, 1997:190). Este crescimento ocorreu apesar de o processo de metropolização ter-se atenuado, com a taxa de crescimento populacional passando de 3,8%, na década de 70, para 2%. Ainda assim, as metrópoles absorveram 30% do crescimento demográfico do país na década de 80, recebendo 8,3 milhões de novos moradores (Ipea, 1997:190-191). Para o mesmo período, os dados do IBGE apontam índices significativos de crescimento da população residente em favelas (118,33%) e de domicílios situados em favela (133,19), destacando-se o aumento nas regiões de Belém, Recife, Curitiba e São Paulo. No município do Rio de Janeiro, 17,6% da população é favelada, ocupando os morros que margeiam a cidade. Em Natal, 9,54% da população do município mora em favelas, ocupando áreas de preservação ambiental, como dunas (33,33%) mangues (17,39%) e encostas (5,79%). Também aglomerações urbanas mais recentes, como a de Campinas, registram no município-sede 7,98% da população residindo em favelas. Curitiba, cidade referência no que diz respeito à implantação de um sistema de planejamento e controle do uso e ocupação do solo tem, em sua região metropolitana, 8,53% da população em favelas (Ipea/Infurb, 1998:89-91).

No Município de São Paulo, 19,80% da população mora em favelas, na beira de córregos, encostas íngremes, margens de avenidas e sob viadutos. No início dos anos 70, esse índice era de apenas 1%, comparação expressiva que confirma a redução de alternativas de acesso à moradia para as populações de baixa renda. O agravamento da informalidade nas décadas recentes pode ser avaliado tanto pela diminuição da oferta de loteamentos legais quanto pelo seu contraponto: a oferta crescente de loteamentos irregulares e clandestinos na área de proteção aos mananciais. Entre 1988 e 1994, foram implantados 19,64 milhões de m^2 e 100 mil lotes nessa região, sendo que em 1987 a população favelada já ultrapassava 120 mil pessoas, que ocupavam principalmente as áreas livres de loteamentos populares (Ipea/Infurb, 1998:89-91). Entre 1980 e 1995, a população na área protegida da Bacia do Guarapiranga praticamente dobrou, passando de 336.935 habitantes inicialmente concentrados na região sul do Município de São Paulo (69,9%) para 622.489 habitantes, com redução do índice mencionado (67,4%), o que confirma o espraiamento da ocupação ilegal para outros municípios da bacia, como Itapecerica da Serra, Embu e Embu-Guaçu, que também dobraram de população no período mencionado (CNEC, 1997).[3]

3 GROSTEIN, Marta Dora, 2001.

Apesar da realidade desumana acima aludida, a confirmar que estamos em permanente estado de exceção, nesta negação constante de direitos fundamentais, garantidos formalmente pela Constituição Republicana de 1988, ressalta-se que as condições de moradia das populações carentes, nas metrópoles, continuam em crescente agravamento, com o ajuntamento de pessoas na periferia, sem atinar para as condições básicas de vida e também sem preocupação com o meio ambiente, que continua em permanente devastação, eis que fazem loteamentos irregulares e ocupam áreas protegidas. Aliás, tal fenômeno, restrito antes aos municípios-sede, se faz presente em vários outros que compõem a região metropolitana e atingem também os municípios rotulados de dormitório.[4]

Sobre esse abismo estrutural e social existente entre a cidade real e a cidade irregular, o sociólogo Boaventura de Sousa Santos, em entrevista concedida a Susana Caló, em Coimbra, no ano de 2012, destacando o trabalho por ele realizado para o doutorado cursado na Universidade de Yale, ressaltou que, ao viver em uma favela do Rio de Janeiro, para trabalho de campo, passou a investigar o denominado "fascismo territorial", afirmando:

> As próprias cidades hoje são atravessadas por uma lógica de território que se torna fracturante, e que cria dentro delas uma linha abissal entre as zonas que eu chamo civilizadas, das urbanizações que são cada vez mais contra o espaço público (condomínios fechados), e as zonas selvagens onde vivem as classes populares nos subúrbios, nos guetos e nas favelas. Estas obviamente proliferam no mundo, uma vez que as cidades não têm capacidade de acomodar de uma maneira que seja urbanisticamente razoável, socialmente e politicamente decente as populações que chegam às cidades fugindo da violência rural, da desertificação, da guerra, da ocupação selvagem das suas terras. E, portanto, temos todas essas formas de um fascismo territorial, que constitui uma divisão dentro de países que são homogêneos de um ponto de vista político (em que as leis são as mesmas), mas em que, no entanto, a polícia

[4] MEYER, R.P.; LEME, M.C.; GROSTEIN, M.D.; BIDERMAN, C. *São Paulo Metrópole Terciária*. Entre a modernização pós-industrial e a herança social e territorial da industrialização. São Paulo, FAUUSP/Ipea/Cebrap, Relatório Final, 1998, mimeo.

> é capaz de agir de uma forma totalmente diferente de um lado da linha ou de outro, consoante considera o território inimigo ou não, civilizado ou selvagem. Isto é, na construção dos nossos países, estamos a assumir conceitos que eram conceitos de guerra contra estrangeiros.[5]

O próprio poder público, no tratamento desigualitário entre a cidade real e a cidade irregular, propicia o comprometimento do desenvolvimento sustentável de toda infraestrutura social, acabando por gerar um sentimento de "desobrigação" da primeira para com o meio ambiente e o sentimento de culpa da cidade irregular pelas mazelas ambientais.

5.1 O PROCESSO DE URBANIZAÇÃO INSUSTENTÁVEL, PERMITIDO PELO ORDENAMENTO JURÍDICO

A sempre crescente urbanização deveria ser objeto de constante preocupação. Porém, não há uma política pública séria para fixação do homem no campo que acaba não conseguindo competir com o agronegócio, diante do prevalecimento de maquinários caros e pesados, inibindo o pequeno produtor. Depois, os retirantes do campo não têm como permanecer na cidade real, por falta de condições financeiras. Vários aportam nesta cidade, sem qualificação, sem emprego formal. É o nascimento da cidade ilegal ou marginal, eis que acabam, estas pessoas, formando, às pressas, seus aglomerados.

A esses retirantes do campo também somam os que não têm condições de permanecer na cidade real, em razão de carência financeira. São repelidos à periferia. Assim, a cidade marginalizada cresce diante da ausência de políticas públicas, de planejamento para fixação do homem ao campo ou opção de, se não mais quiserem permanecer nas zonas rurícolas, de serem absorvidos pelas pequenas cidades, integrando-os, imediatamente, ao modo urbano de viver e não simplesmente ignorando-os ou deixando-os fundar a cidade marginal para,

---

[5] SANTOS, Boaventura de Sousa. Democratizar o espaço, democratizar o território. Entrevista concedida a Susana Caló. *Revista Punkto*. Disponível em: <http://www.revistapunkto.com/2013/12/democratizar-o-espaco-boaventura-sousa.html>. Acesso em: 14 out. 2014.

depois, tolerá-la, mesmo porque não há como reverter tal situação irregular consolidada. A partir daí o pensamento é no sentido de regular o irregular, para que não haja comprometimento estatístico.

Assim e partindo da omissão do poder público, da hipocrisia da sociedade como um todo, que passa a enxergar o semelhante como uma sub-raça e, portanto, isolados em guetos, que são as favelas, fato comum (e que deveria ser incomum), surgem os eufemismos, o chamado politicamente incorreto, ou seja: as favelas não podem ser assim rotuladas, devem mudar de nome e passam a ser rotuladas de comunidades, não obstante continuar o Estado ausente nesses locais.

Ora, comunidades somos todos nós. Assim, em vez de mudança de nome, necessário seria que os direitos fundamentais, dentro deles o de uma moradia digna, adentrassem pelo portal dessa cidade marginalizada, melhorando o nível de vida de todos os conviventes, encampando, por meio de políticas públicas de contenção e de correção, a cidade marginalidade na cidade real e que ambas sejam, num futuro próximo, denominada cidade ideal, que é a por nós chamada cidade sustentável.

Na obra coletiva *A Cidade Real e a Cidade Ideal*, deixamos expresso que as ações sustentáveis são viáveis e imprescindíveis para aproximação, cada vez mais, da cidade ideal, a exigir desenvolvimento inteligente e preocupado com a preservação do meio ambiente e com a convivência saudável em uma sociedade cada vez mais pluralista e, ainda, considerando que, de todas as atividades humanas, a que mais gera resíduos e transtorno ao meio ambiente é a construção civil.[6]

Assim, ressaltamos, naquela mesma obra e mesma página, que as empresas do ramo da construção civil, como maneira de suavizar os prejuízos causados ao meio ambiente, concentrem, como várias delas já o fazem, investimentos em empreendimentos e práticas sustentáveis, aproveitando ao máximo os recursos naturais existentes no local, a exemplo do emprego da incidência da luz solar no espaço e direcionando-a de maneira a ajudar na iluminação do ambiente e

---

6 CARVALHO, Newton Teixeira; KLEINRATH, Stella de Moura. Sustentabilidade Ambiental. In: CARVALHO, Newton Teixeira; KLEINRATH, Stella de Moura; RIOS, Mariza (Coord.). *A cidade real e a cidade ideal em uma reflexão transdisciplinar*. Belo Horizonte: Del Rey, 2013, p. 87.

no aquecimento de água. Há de se observar, também, uma melhor ventilação da casa, evitando a utilização de aparelhos de ar-condicionado. Chuveiros devem ser aquecidos a gás. Deverá haver uma melhor utilização das águas das chuvas, em irrigação, lavagem de pisos e descargas.

O desenvolvimento sustentável é a utilização racional do solo e, nesse aspecto, as construtoras têm papel relevante. Assim, a preocupação com o desenvolvimento sustentável deve iniciar nos bancos das escolas de Engenharia e Arquitetura, com a formação não apenas técnica, como também ecológica destes profissionais, que deverão se negar a assinar projetos que não estejam em consonância com o desenvolvimento sustentável e que, se porventura não observada tal exigência, que o poder público não se omita, deixando de expedir alvará para construção em desacordo com a proposta ambientalista ou de um desenvolvimento sustentável, nesta e para futuras gerações, eis que a sustentabilidade é uma exigência democrática.

Assim, a mudança do atual panorama social, no que tange ao desenvolvimento sustentável das cidades, deve, por óbvio, passar pela conscientização da população, tanto da cidade real, quanto da cidade irregular, considerando que a exclusão social é o marco inicial para o crescimento desordenado das cidades. Para tanto, a educação básica é primordial para o crescimento de uma sociedade sustentável, de forma que a própria população se conscientize da necessidade de adequar as suas atividades ao meio ambiente em que vive.

Paralelamente a essa alteração na postura dos cidadãos para com o meio onde vivem, os órgãos públicos devem implantar políticas sustentáveis integradas, de forma efetiva, hábeis a frear o crescimento de aglomerados que não possuem qualquer condição estrutural e sanitária para receber a população.

Ressalta-se que nossa própria geração não se preocupou muito com o ecológico, com a preservação do meio ambiente, com uma convivência melhor e mais igualitária de todos nós, seres humanos e também com respeito aos demais seres que conosco convivem, na cidade ou no campo. A questão é cultural. Surge, neste contexto, para que haja mudança de paradigma, a Escola, do primário até o ensino superior, com uma educação voltada para o ecológico, preocupada com a preservação do nosso planeta e, por conseguinte, provocando mudanças de posturas.

E, conforme anotam Mônica Tereza Mansur Linhares e Márcia Nogueira Piemonte,

> a preservação do meio ambiente é uma necessidade que se impõe ao homem contemporâneo, porque vários dos elementos que o compõem têm um caráter esgotável e também porque o homem tomou ciência de que o padrão de comportamento imposto pela busca de crescimento a qualquer custo não mais se sustena.[7]

Com relação aos loteamentos, destaca-se o afrouxamento da metragem mínima, com a aprovação de leis que não levam em consideração tal condição. Com efeito, através das leis da usucapião, fácil é demonstrar que o legislador federal acaba por incentivar o loteamento ou a ocupação irregular ou também que não há a mínima preocupação com a dignidade da pessoa, que acaba por residir em locais pequenos e impróprios e também em loteamentos irregulares.

A título de exemplo, destacamos a Lei nº 12.424, de 16 de junho de 2011, que regulamentou o Programa "Minha Casa, Minha Vida", e inseriu no artigo 1.240-A, do Código de Processo Civil, o parágrafo 1º, permitindo a usucapião especial urbana, por abandono do lar conjugal.

Aludido dispositivo legal permite que o possuidor direto, que detenha a posse exclusiva, por 2 (dois) anos, ininterruptamente e sem oposição, sobre imóvel urbano de até 250 m², cuja propriedade dividia com ex-cônjuge ou ex-companheiro que abandonou o lar, desde que utilizando-o como moradia ou de sua família, adquirir-lhe-á o domínio integral, caso não seja proprietário de outro imóvel urbano ou rural.

Nota-se que a metragem, para o ex-cônjuge ou companheiro usucapir é de, no máximo, 250 m² (duzentos e cinquenta metros quadrados). Portanto, imóveis com metragem aquém desta podem ser usucapidos com consequente regularização de construções medíocres e

---

7 LINHARES, Mônica Tereza Mansur; PIEMONTE, Márcia Nogueira. Meio Ambiente e Educação Ambiental à Luz do Princípio da dignidade da pessoa humana. In: *Veredas do Direito*. Direito Ambiental e Desenvolvimento sustentável. Belo Horizonte. Escola Superior Dom Helder Câmara, v. 7, n. 13/14, janeiro/dezembro 2010, Volume Especial, p. 199.

irregulares que, antes, não poderiam ser registradas no Cartório de Registro de Imóveis.

Assim e por ser forma de aquisição originária, a usucapião permitirá o registro deste imóvel, independentemente do local e da área construída. Na verdade, essa modalidade de usucapião é uma maneira de sanar qualquer vício que impedisse o registro e sobrepõe-se a tudo, inclusive acaba por olvidar a exigência de um desenvolvimento sustentável, desconsiderando a lei de uso e ocupação do solo e desrespeitando a política e a própria lei de zoneamento urbano.

Com a usucapião, a realidade é maquiada e cumprem-se exigências estatísticas do direito à moradia. Assim, prevalecem os números sobre a qualidade de vida, eis que, para todos os efeitos, considera-se que, formalmente, há uma moradia perfeita. Para fins de consideração ao direito à moradia, nada importa que, no nascedouro, tal construção não tenha observado técnicas mínimas de engenharia, nem o local onde foi erguida. Assim, a cidade ilegal vai surgindo e, posteriormente, mediante técnica legislativa desumana, encampada pela cidade real.

Assim é que a usucapião familiar, na ansiedade de dar casa a quem não tem, pouco importando a qualidade da moradia, acaba por confundir abandono do lar, com abandono da posse. Depois, o prazo tornou-se exíguo. Até então, o menor prazo para usucapir era de 5 (cinco) anos, conforme previsão constante do artigo 183 da Constituição Federal, a abarcar, também, as pessoas não casadas ou que vivem em união estável, desde que utilizem o imóvel para sua moradia ou de suas famílias. Nota-se que a metragem máxima já era a mesma, ou seja, área urbana de até duzentos e cinquenta metros quadrados.

Ressalta-se que o ordenamento jurídico brasileiro prevê três espécies de usucapião de bens imóveis, sejam eles, ordinário, extraordinário e especial, que poderá ser urbano ou rural. A usucapião especial é a ditada pelo art. 183 da Constituição Federal, antes citado. A usucapião ordinária exige posse contínua e, a exemplo de todas as demais ações de usucapião, tem por escopo regularizar uma situação fática, com o sepultamento de vícios até então existentes, que impediam o registro do imóvel.

Assim é que o Código Civil atual estabelece a usucapião ordinária e seus requisitos no artigo 1.242, ou seja, naquela legislação o prazo para aquisição da propriedade é de dez anos. Entretanto, também nesta maneira de usucapir, há redução à metade do prazo, pelo parágrafo único deste citado dispositivo legal, a determinar que:

> Art. 1.242. Adquire também a propriedade do imóvel aquele que, contínua e incontestadamente, com justo título e boa-fé, o possuir por dez anos.
>
> Parágrafo único. Será de cinco anos o prazo previsto neste artigo se o imóvel houver sido adquirido, onerosamente, com base no registro constante do respectivo cartório, cancelada posteriormente, desde que os possuidores nele tiverem estabelecido a sua moradia, ou realizado investimentos de interesse social e econômico.

Com relação à usucapião extraordinária, prevista no art. 1.238, do Código Civil, que independe do justo título ou boa-fé, o prazo é de 15 anos, que poderá ser reduzido para 10 (dez) anos, se o possuidor estabelecer no imóvel a sua moradia habitual, ou nele realizar obras ou serviços de caráter produtivo.

Dessa forma, nota-se que, por meio do instituto da usucapião, o legislador teve por escopo atribuir à posse caráter social, com a pretensão de amenizar a crise habitacional na cidade, regularizando construções irregulares. Ou seja, juridicamente é possível regularizar algo que sequer deveria existir. A pretensão foi a de reafirmar a função social da posse, sem preocupação com a questão ambiental ou com o próprio desenvolvimento sustentável. Em um lote de até 250 metros quadrados poderá haver vários sublotes e todos poderão ser registrados, se usucapidos, sem preocupação com a qualidade da moradia erguida em exíguos espaços.

Portanto, para que construções irregulares não sejam erguidas, necessários serão financiamentos de imóveis a custos baixos, com ofertas de inúmeros imóveis, permitindo ao comprador o exercício livre da escolha do bem e não simplesmente colocando-o em um determinando local, com construção pequena e sem uma infraestrutura completa. Enquanto não houver diminuição das desigualdades neste país, o melhor é colocar o dinheiro à disposição do comprador, que poderá escolher o bem em que irá residir e, no caso de desemprego, que haja a suspensão do pagamento da prestação, por um determinado tempo.

Assim, o próprio adquirente poderá ficar atento e contribuirá para o desenvolvimento sustentável da cidade, eis que poderá rejeitar aquisição de prédios que são construídos em desconformidade com as exigências ambientais, verificando a disponibilidade de água, o destino e tratamento do esgoto e do lixo, a qualidade do transporte e dos espaços públicos, diferentemente do que ocorre com as construções do projeto "Minha Casa, Minha Vida", eis que nesses aglomerados, com inúmeras famílias em pequenos espaços, também o imóvel comprado é recebido pronto e acabado, sem nenhum poder de escolha ou barganha. É, por conseguinte, um típico contrato de financiamento por adesão, por meio do qual o comprador praticamente tem deveres e poucos direitos.

5.2 A CIDADE IRREGULAR PERPETUANDO DESIGUALDADES

Segundo Platão, Sócrates faz uma inusitada e sábia revelação de como se inicia uma cidade:

> Uma cidade tem a sua origem, segundo creio, no facto de cada um de nós não ser autossuficiente, mas, sim, necessitando de muita cousa. Ou pensa que uma cidade se forma por qualquer outra coisa.[8]

Portanto, o nascimento da cidade, num primeiro momento, é em razão da necessidade comum dos homens "que carecem da habilidade do seu próximo para a produção e manutenção dos bens essenciais".[9] Assim, o espírito deveria ser de solidariedade, de respeito mútuo e não de competição, de disputa, de prevalecimento do capital sobre o humano.

Porém, a cidade, como lugar comum de desenvolvimento humano, falhou, até mesmo em razão da carência financeira de seus habitantes. A cidade ideal, com compartilhamento de bens, imaginada pelo *socialista* Platão, sucumbiu.[10] Prevalece a cidade real e já se sobrepõe, con-

---

[8] PLATÃO. *A República*. Trad. de Maria H. da R. Pereira. 13ª ed. Lisboa: Fundação Calouste Gulbenkian, 2012, p. 72.

[9] GODINHO, Danilo. A Igualdade entre os Homens é Possível? *Revista Grandes Temas do Conhecimento* – Sociologia. Número 1 – ano 1, p. 56.

[10] Segundo Godinho, no artigo *A Igualdade entre os Homens é Possível?*, citado na Revista Grandes Temas do Conhecimento – Sociologia. Número 1 – ano 1,

forme demonstramos acima, à cidade irregular que não chamaremos de clandestina, como querem alguns, eis que se desenvolve diante de todos nós. Portanto, o correto é a chamarmos de cidade irregular, ou ilegal, posto que construída ao arrepio da lei e diante da omissão principalmente das autoridades públicas, em todos os níveis de governo.

Sobre a omissão do Poder Público, no tocante à ausência de políticas adequadas à efetivação de direitos à moradia, João Emilio de Assis Reis destaca:

> O contexto dos países em desenvolvimento é especialmente problemático, uma vez que o Poder Público nesses Estados ao mesmo tempo é omisso na proteção de bens ambientais naturais e deixa de implementar políticas públicas adequadas à efetivação de direitos sociais, especialmente no que tange ao direito à moradia. O processo de urbanização pelo qual passou o Brasil a partir da industrialização tardia cria um quadro caótico, em razão da explosão demográfica das cidades, com a taxa de urbanização saltando de 31,2% em 1940 para 81,2% no ano 2000. O que por si só representa fenômeno de grandes proporções, sem o devido acompanhamento da implementação de acesso a serviços básicos e sem o acompanhamento de políticas públicas que garantam as funções sociais básicas da cidade, torna-se um problema maior.[11]

A cidade irregular necessita de freios, a bem, principalmente, das pessoas que nelas habitam. Essas cidades toleradas irresponsavelmente são a demonstração cabal de negação de direitos fundamentais líquidos e certos, já garantidos constitucionalmente. As cidades metropolitanas representam bem a prevalência da cidade irregular, com o crescimento urbano descontrolado, com inúmeros bairros relegados

---

p. 57, Platão não fazia distinção em razão de sexo, eis que: "Primeiramente, o projeto de cidade platônica é ser dividida e habitada por homens e mulheres, de igual modo na partilha dos afazeres diários, sem preconceito sobre a diferença entre os sexos. Platão prega que mulheres, prontamente com os homens, possuem o direito de exercícios em praça pública". Portanto, a discussão sobre identidade de gênero remonta à *República* de Platão.

11 REIS, João Emílio de Assis. O Direito ao Ambiente e o Direito à Moradia: colisão e ponderação de direitos fundamentais. In: *Veredas do Direito*. Direito Ambiental e Desenvolvimento sustentável Belo Horizonte. Escola Superior Dom Helder Câmara, v.10, n. 20, julho/ dezembro 2013, p. 290.

pela ação pública. Assim, a cidade irregular é ocupada pelos excluídos, pelos pobres. Os serviços públicos, quando existem, são ineficientes ou parcimoniosos, com o prevalecimento de loteamentos sem registros e sem alvarás da municipalidade. Portanto,

> A análise das práticas urbanísticas que consolidaram a cidade clandestina/irregular revela, como recorrente, a relação permissiva entre poder público e loteador, permeada pela tolerância à irregularidade e à clandestinidade.[12]

Assim, voltamos com Grostein, a demonstrar, com perfeição, que a preocupação com a cidade informal é uma constância, porém, efetivamente, pouco se faz para evitar que ela continue surgindo e também crescendo:

> A *dualidade* verificada nos processos socioespaciais de construção da metrópole contemporânea manifesta-se no reconhecimento de uma cidade 'formal' assumida pelo poder público, onde se concentram os investimentos urbanos de todo tipo, e de outra construída à sua margem, que tem no conceito *cidade informal* a expressão mais abrangente para designá-la, pois associa o fenômeno da expansão urbana ilegal ao da exclusão social. Nele está implícito o pressuposto de que o acesso à cidade se dá de modo diferenciado e que é sempre socialmente determinado, compreendendo o conjunto das formas assumidas pelos assentamentos ilegais: loteamentos clandestinos/irregulares; favelas; e cortiços. A 'cidade informal' é uma realidade de longa data nas cidades brasileiras, especialmente nas metrópoles que tiveram seu crescimento acelerado, a partir dos anos 40 e 50, associado ao processo de industrialização brasileira, como São Paulo e Rio de Janeiro. Entretanto, metrópoles com crescimento mais recente como Belém, Brasília, Natal e Campinas apresentam padrão semelhante. A reprodução e a permanência desse padrão de urbanização apontam para a incapacidade recorrente do Estado em controlar e fiscalizar o uso e a ocupação do solo e atuar como controlador, financiador ou provedor de moradia para as populações com menos recursos. No Município de São Paulo, esse processo também é a expressão da crise do modelo de instrumentos formulado na década de 70, dominado pelo conceito de *zoneamento urbano*, que,

---

[12] GROSTEIN, Marta Dora, 2001.

ao invés de ampliarem benefícios para o conjunto da população, funcionaram como limitadores da oferta de moradias ou loteamentos no mercado regular. Mais do que difusores de padrões de qualidade urbana e ambiental, como pretendia o legislador, estes instrumentos contribuíram decisivamente para a escalada da ilegalidade urbana.[13]

Grostein demonstrou que vários dos problemas que enfrentamos hoje, também na cidade regular, são consequência do afloramento e do desenvolvimento da cidade irregular, ressaltando, ainda, o comodismo, a indiferença da sociedade e do poder público com os problemas socioambientais daí decorrentes:

> A evolução desse processo resultou no agravamento de práticas ambientais predatórias, gerando erosões do solo, enchentes, desabamentos, desmatamentos e poluição dos mananciais de abastecimento e do ar, que afetam o conjunto urbano e em especial as áreas ocupadas pela população de baixa renda, com perdas e deseconomias significativas para o funcionamento adequado do conjunto metropolitano. A força do padrão periférico de urbanização evidenciou: a negligência do Estado, em suas diferentes instâncias, com a construção das cidades e a formulação de uma política de desenvolvimento urbano; a ilegalidade como fator estrutural na dinâmica de expansão urbana das metrópoles brasileiras; o lote urbano precário, a casa na favela e o aluguel de um quarto em cortiços como as alternativas predominantes para resolver o problema de moradia dos pobres nas metrópoles; a ausência de uma política habitacional metropolitana; a insuficiente produção pública de moradias sociais em face da demanda; e o descaso absoluto da sociedade e do poder público com os problemas socioambientais decorrentes.[14]

A cidade ilegal demonstra e confirma nossa tese: a de que, infelizmente, estamos em permanente estado de exceção, quando não implementamos direitos fundamentais, oportunidade em que também ressaltamos, muito a contragosto, que a existência de analfabetos, a ausência de moradia, um sistema de saúde precário para os pobres e que existe somente para quem tem dinheiro para pagar, sem escola e

---

[13] GROSTEIN, Marta Dora, 2001.

[14] GROSTEIN, Marta Dora, 2001.

hospitais em números suficientes, que carece de um transporte urbano barato e limpo, cujo índice de criminalidade é altíssimo e com um mercado crescente de consumo de drogas, é demonstração cabal de que estamos em um permanente estado de exceção ilegítimo eis que estamos descumprindo a Constituição, ao negar direitos fundamentais líquidos e certos.[15]

5.3 GESTÃO ADEQUADA DO PARCELAMENTO DO SOLO

Não se pode desprezar, na continuidade deste nosso trabalho, sempre a dimensão ética do desenvolvimento sustentável, posto que, conforme ressaltamos em outra obra e insistimos em ratificar integralmente nesta,

> Quanto à Sustentabilidade, hoje é considerada como uma ciência que 'visa compreender o caráter fundamental das interações entre a sociedade e a natureza'. Outros autores a consideram como uma nova plataforma para se debater o Desenvolvimento Sustentável. Algo sustentável é algo que, em, essência, perdura no tempo. Deve ser destacado também o aspecto ético da sustentabilidade, já que implica uma postura de 'equidade intergeracional': significa que os indivíduos de hoje e os que viverão no futuro, devem ter direito às mesmas oportunidades de buscarem seus objetivos, de alcançar uma boa qualidade de vida.[16]

Para que o desenvolvimento da cidade seja sustentável, com o desaparecimento da cidade irregular, necessário será uma maior interação da administração com o jurídico, principalmente considerando que os índices urbanísticos devem ser estabelecidos de maneira que a ocupação do solo seja realizada levando-se em consideração a defesa do meio ambiente, com um mínimo de impacto ecológico, sem

---

[15] CARVALHO, Newton Teixeira; RIOS, Mariza. Copa do mundo, olimpíadas e estado de exceção, uma constante e permanente negativa de direitos fundamentais, inclusive com a suspensão de nosso ordenamento jurídico em prol da soberania FIFA. In: CARVALHO, Newton Teixeira; REIS, Émilien Vilas Boas (Coord.). *Cidade, Eventos Esportivos e Estado de Exceção.* Belo Horizonte: Del Rey, 2014.

[16] CARVALHO, Newton Teixeira; RIOS, Mariza. *Direito à Cidade* – Moradia e Equilíbrio Ambiental. Belo Horizonte: Del Rey, 2012, p. 175.

desprezar o bem-estar social e as possíveis alternativas da utilização do solo.

Assim, necessário é que também o poder público atente para a fixação de indústria em plena cidade, trazendo desconforto para os habitantes e também danos ao meio ambiente, eis que, na justificativa de crescimento, várias questões foram desconsideradas. Foi com esta preocupação que a Constituição Federal estabeleceu a obrigatoriedade de que toda cidade, com mais de 20 mil habitantes, institua Plano Diretor,[17] como base da política urbana e com a função de promover o almejado desenvolvimento sustentável.

Portanto, os Municípios, com mais de 20 mil habitantes, poderão ter um instrumento importante de política urbana, desde que o Plano Diretor seja, antes de votado na Câmara, discutido diretamente com toda a população local e também ouvidas as autoridades ambientalistas e observadas as peculiaridades de cada município. Enfim, o Plano Diretor não pode ser uma legislação feita por poucos, sem audiência de todos os envolvidos, e também não pode aflorar de um projeto encomendado a profissional do ramo e, pior, servindo de parâmetros para todos os demais planos editados posteriormente.

Deverá, o Plano Diretor, observar as diretrizes da Lei Federal nº 10.257/01 – Estatuto da Cidade, destacando-se desta legislação:

> Art. 2º. A política urbana tem por objetivo ordenar o pleno desenvolvimento das funções sociais da cidade e da propriedade urbana, mediante as seguintes diretrizes gerais:
>
> VI – ordenação e controle do uso do solo, de forma a evitar: (a) a utilização inadequada dos imóveis urbanos; (b) a proximidade de usos incompatíveis ou inconvenientes; (c) o parcelamento do solo, a edificação ou o uso excessivos ou inadequados em relação à infraestrutura urbana; (d) a instalação de empreendimentos ou atividades que possam funcionar como polos geradores de tráfego, sem a previsão da infraestrutura correspondente; (e) a retenção especulativa de imóvel urbano, que resulte na sua subutilização

---

[17] Art. 181, §1º, CF: "O plano diretor, aprovado pela Câmara Municipal, obrigatório para cidades com mais de vinte mil habitantes, é o instrumento básico da política de desenvolvimento e de expansão urbana".

ou não utilização; (f) a deterioração das áreas urbanizadas; (g) a poluição e a degradação ambiental.

Nota-se que, pelo disposto no §4º, do artigo 182 da Constituição Federal, é facultado ao Poder Público municipal, na área incluída no plano diretor, exigir, nos termos da lei federal, a utilização efetiva da propriedade, podendo até mesmo haver, se subutilizada ou não utilizada, o parcelamento ou a edificação compulsória ou a instituição de imposto progressivo, de duvidosa legalidade, ou até mesmo a desapropriação.

A proposta é interessante. Evita a especulação imobiliária e também a ociosidade de terrenos, em detrimento da população da cidade. Não justifica a aglomeração de várias pessoas em pouco espaço, enquanto lotes são preservados, sem utilização, na espera de um melhor preço, no futuro. Em nome de poucos, espaços urbanos são desconsiderados, deixando de assegurar melhores condições de vida à população.

Também a divisão do solo, em razão da futura destinação, pelo município, deverá observar uma política de desenvolvimento ambiental sustentável e não servir de instrumento à especulação imobiliária. Nota-se que esta delimitação geográfica das áreas territoriais é alvo constante de modificação para construções, descaracterizando todo um bairro ou uma região com edificações gigantescas e em locais onde antes existiam apenas casas ou edifícios com, no máximo, três andares.

Assim e por meio do zoneamento urbano são estabelecidos regimes de uso, gozo e fruição da propriedade. O solo municipal é dividido levando-se em consideração o uso a lhe ser destinado. E, nesse aspecto, necessária é uma maior preocupação com relação ao zoneamento industrial, para que não haja diminuição da qualidade de vida na cidade. Por tal razão, foi promulgada a Lei Federal nº 6.803, de 02 de junho de 1980, que dispõe sobre as diretrizes básicas para o zoneamento industrial nas áreas críticas de poluição, com a utilização da terra, pelo proprietário, com respeito aos interesses coletivos, bem como considerando a função social da propriedade e a conservação do meio ambiente.

Essa Lei nº 6.803/80, se observada, permitirá o desenvolvimento sustentável, eis que sobrepõem os interesses ambientais e sociais em detrimento, evidentemente, do interesse privado. É, mais uma vez, a aplicação da função social da propriedade. Aliás, a respeito da constitucionalização do direito de propriedade e sobre a função social deste instituto, Claudia do Amaral Furquim destaca:

> (...) dessa forma, visualiza uma mudança na concepção tradicional de direito subjetivo, deixando de lado a noção de que o titular pode exercitar os poderes decorrentes do direito incondicionalmente, no afã de satisfazer unicamente a si, para se adotar a de que, além de seus interesses privados, terá o titular que corresponder a expectativas da sociedade.[18]

Da mesma forma e de acordo com o que dissemos em outro trabalho:

> (...) a propriedade também está, evidentemente, diretamente relacionada com o direito ambiental, que até mesmo a sobrepõe, inclusive no que tange ao seu aspecto social, posto que o uso desmesurado e indevido deste direito de propriedade e a despreocupação em recompor o que foi desfeito, num individualismo ilimitado e mesquinho, é que vai de encontro ao direito ambiental e ameaça o futuro de todos nós, inclusive o de nosso planeta.[19]

É com fundamento na função social da propriedade que Sebastião Sérgio da Silveira e Ricardo dos Reis Silveira afirmam ser procedimento absolutamente irregular, ilegal e lesivo ao patrimônio público o fechamento de bairros, ruas ou partes da cidade, acrescentando:

> Diante da natureza de tais bens públicos e da impossibilidade de imposição de restrição ao uso irrestrito dos mesmos por todo o povo, se afigura absolutamente impossível o fechamento de loteamento ou bairros, por iniciativa de moradores, individualmente ou por associações criadas para esse fim.
>
> Nesse contexto, é forçoso reconhecer, da mesma forma, que nem mesmo os Municípios, através de atos administrativos ou lei mu-

---

[18] FURQUIM, Claudia do Amaral. *O direito de construir na perspectiva urbanístico-constitucional*. Belo Horizonte: Del Rey, 2013, p. 53.

[19] CARVALHO, Newton Teixeira; KLEINRATH, Stella; RIOS, Mariza. Função Ambiental do Tributo. In: REZENDE, Élcio Nacur; CARVALHO, Newton Teixeira (Coord.). *Temas de Direito* – Produções da Escola Superior Dom Helder Câmara – Homenagem a Helena Greco. Belo Horizonte: Escola Superior Dom Helder Câmara – ESDHC, 2011, p. 372.

nicipal, podem autorizar o fechamento de vias públicas ou restrição de uso comum do povo sobre tais bens.

É bem por isso que Diógenes Gasparini sustenta que 'os Municípios não podem autorizar essa forma de *loteamento condominial*. Lei municipal que preveja ou regule sua implantação contamina o ato de flagrante ilegalidade, porque o município não tem competência legislativa em matéria de condomínio'.[20]

Com relação ao zoneamento industrial, a repartição do solo deverá ter por finalidade primeira, a diminuição dos impactos negativos ao meio ambiente e também a segurança de todos, com o estabelecimento de anéis verdes, menor emissão de resíduos de poluentes atmosféricos e também acabar com os riscos de incêndio ou explosão no tocante às atividades que, pela própria natureza, são mais agressivas e implicam em maiores risco, exigindo uma atenção especial das autoridades municipais.

Na ausência de um zoneamento pensado e planejado, surgem inúmeros contratempos ao desenvolvimento sustentando da cidade, com o comprometimento do uso do solo para moradia, para instalação das indústrias, na utilização do tráfego local, inibindo uma gestão sustentável e impossibilitando a aplicação da legislação pelos Municípios, Estados e União.

Assim e considerando que em alguns municípios foram realizados zoneamento sem observância do desenvolvimento sustentável e em desconformidade com as necessidades peculiares de cada cidade, necessário é que haja revisão da legislação municipal adequando-a às exigências da cidade sustentável. Evidentemente que, nestas revisões, que são necessárias, de tempo em tempo, mister é reconhecer o princípio do não retrocesso e, por conseguinte, toda alteração que desprezar as conquistas sociais e ambientais presentes deverão ser reprovadas, no próprio legislativo e, se aprovadas, o Judiciário deverá declará-las inconstitucionais.

---

20 SILVEIRA, Sebastião Sérgio da; SILVEIRA, Ricardo dos Reis. Loteamentos fechados: privatização de espaços públicos e escravização dos moradores. In: *Veredas do Direito*. Direito Ambiental e Desenvolvimento sustentável. Belo Horizonte. Escola Superior Dom Helder Câmara, v. 8, n. 15, janeiro/junho 2011, p. 137.

Sobre a aplicação do princípio da vedação do retrocesso ecológico ou princípio do *cliquet ambiental*, doutrina Romeu Thomé que:

> Como o direito ao meio ambiente ecologicamente é dotado de *status* de direito fundamental, as garantias de proteção ambiental, uma vez conquistadas, não podem retroagir. É inadmissível o recuo da salvaguarda ambiental para níveis de proteção inferiores aos já consagrados, a não ser que as circunstâncias de fato sejam significativamente alteradas.
>
> Esse princípio tem por escopo obstar medidas legislativas e executivas que operem um *cliquet* (termo francês, com acepção de 'retrocesso') em relação ao direito ambiental. Não se pode, por exemplo, revogar uma lei que proteja o meio ambiente sem, no mínimo, substituí-la por outra que ofereça garantias com eficácia similar. Os poderes públicos devem atuar sempre no sentido de avançar progressivamente na proteção dos recursos naturais. Segundo o Superior Tribunal de Justiça, 'essa argumentação busca estabelecer um piso mínimo de proteção ambiental, para além do qual devem rumar as futuras medidas normativas de tutela, impondo limites a impulsos revisionistas da legislação'.[21]

Florence Karine Laloë, gerente de projetos, no Brasil, do Secretariado para América Latina e Caribe – ICLEI – Governos Locais pela Sustentabilidade, apresenta, como estratégia para o desenvolvimento sustentável das cidades, as denominadas "Construções Sustentáveis", demonstrando que as ações do poder público devem observar, primordialmente, a sustentabilidade social, quando da realização das atividades a ele precípuas.[22]

Nesse sentido, em 2010, foi editada a Lei n° 12.187, que instituiu a Política Nacional sobre Mudança do Clima, com a adoção de critérios ambientais a serem observados nas construções.

Para tanto, é o que dispõe o art. 3°, da mencionada Lei:

---

21 THOMÉ, Romeu. *Direito Ambiental Econômico*. Salvador: JusPodium, 2011, p. 88.

22 LALOË, Florence Karine. Sustentabilidade: Os Desafios do Desenvolvimento. Desenvolvimento Sustentável das Cidades. *Valor Econômico*. São Paulo. 22 de setembro de 2011. Disponível em: <http://www.valor.com.br/sites/default/files/icleilacs_0.pdf>. Acesso em: 13 out. 2014.

> Art. 3º A PNMC e as ações dela decorrentes, executadas sob a responsabilidade dos entes políticos e dos órgãos da administração pública, observarão os princípios da precaução, da prevenção, da participação cidadã, do desenvolvimento sustentável e o das responsabilidades comuns, porém diferenciadas, este último no âmbito internacional, e, quanto às medidas a serem adotadas na sua execução, será considerado o seguinte:
>
> I – todos têm o dever de atuar, em benefício das presentes e futuras gerações, para a redução dos impactos decorrentes das interferências antrópicas sobre o sistema climático;
>
> II – serão tomadas medidas para prever, evitar ou minimizar as causas identificadas da mudança climática com origem antrópica no território nacional, sobre as quais haja razoável consenso por parte dos meios científicos e técnicos ocupados no estudo dos fenômenos envolvidos;
>
> III – as medidas tomadas devem levar em consideração os diferentes contextos socioeconômicos de sua aplicação, distribuir os ônus e encargos decorrentes entre os setores econômicos e as populações e comunidades interessadas de modo equitativo e equilibrado e sopesar as responsabilidades individuais quanto à origem das fontes emissoras e dos efeitos ocasionados sobre o clima;
>
> IV – o desenvolvimento sustentável é a condição para enfrentar as alterações climáticas e conciliar o atendimento às necessidades comuns e particulares das populações e comunidades que vivem no território nacional;
>
> V – as ações de âmbito nacional para o enfrentamento das alterações climáticas, atuais, presentes e futuras, devem considerar e integrar as ações promovidas no âmbito estadual e municipal por entidades públicas e privadas; (...).[23]

O próprio art. 2°, I, do Estatuto das Cidades, dispõe sobre a sociedade sustentável, ressaltando o direito à terra urbana, à moradia, ao saneamento ambiental, à infraestrutura urbana, ao transporte e aos serviços públicos, ao trabalho e ao lazer, às presentes e futuras gerações, além da necessária observância do desenvolvimento das cida-

---

[23] BRASIL. Lei nº 12.187, de 29 de dezembro 2009. Disponível em: <http://www.planalto.gov.br/ccivil_03/_ato2007-2010/2009/lei/l12187.htm>. Acesso em: 14 out. 2014.

des, da distribuição espacial da população e das atividades econômicas do Município e do território sob sua área de influência, de modo a evitar e corrigir as distorções do crescimento urbano e seus efeitos negativos sobre o meio ambiente.

É inevitável alcançar o desenvolvimento sustentável sem tratar das questões referentes às construções irregulares, que inviabilizam o consumo e a utilização adequadas dos recursos naturais.

Mediante construções sustentáveis, o poder público estaria, juntamente com a sociedade, promovendo o menor impacto ao meio ambiente quando da implantação de alguma moradia, seja no processo construtivo, seja na exploração sustentável dos materiais naturais para a edificação, e também na disposição dos resíduos gerados nas obras civis.

Assim, necessário é que as cidades sejam planejadas em obediência às legislações próprias, a começar pela Constituição Federal e até chegar ao plano diretor, eis que todas devem dar ênfase ao desenvolvimento sustentável. A responsabilidade do município, na implementação do direito a uma moradia sustentável, é maior, já que mais próximo aos fatos, inclusive quanto ao exercício de poder de polícia, inibindo que a cidade ilegal surja ou estancando-a, para que não cresça e se sobreponha à cidade real.

Ainda com relação aos municípios, que crescem desordenadamente, necessário é a preparação de um Plano Diretor de Desenvolvimento e Meio Ambiente, o antigo Planejamento Territorial, levando-se em consideração todas as conquistas ambientais já existentes, com a participação democrática da população diretamente interessada e com uma visão coletiva dos bens naturais, que devem ser, ao mesmo tempo em que preservados, utilizados de maneira racional por todos, com a otimização no uso destes recursos, mesmo quando se tratar de uso e ocupação do solo, seja com relação ao particular seja como relação à pessoa jurídica.

Portanto, o Plano Diretor é o instrumento democrático basilar da política urbana e tem por finalidade fazer cumprir a função social e o desenvolvimento sustentável da cidade, com o parcelamento adequado do solo e sua utilização em consonância com o bem-estar dos munícipes, tendo como ponto de partida as diretrizes traçadas pelo Estatuto das Cidades.

De fundamental importância para que o desenvolvimento sustentável da cidade aconteça é também a repartição, por zona, do território municipal, com definição de normas de uso e ocupação do solo. Assim, de antemão, numa cidade planejada, previamente são definidos o que pode ser construído na cidade, bem como definidos os locais próprios para instalação das indústrias, construções de edifícios, seus tamanhos e alturas, assim como a construção de áreas de recreação. Nota-se que o planejamento da cidade poderá ocorrer também posteriormente, ou seja, mesmo com a cidade já pronta, com a correção de equívocos.

Importante destacar que o zoneamento municipal inclui também o perímetro rural, que deve ser planejado quanto à forma de ocupação e uso, podendo ser transformado em zona urbana, em razão do crescimento, sem desprezo, evidentemente, ao direito ambiental e sempre atento aos princípios ecológicos, dentre eles o da natureza pública da proteção ambiental, o princípio da participação comunitária, o da função socioambiental da propriedade e o da vedação do retrocesso ecológico.

Portanto e pela Constitucional Federal é da competência do município promover o adequado ordenamento territorial. Para tanto, de observar-se o disposto no artigo 182 da nossa Carta Maior e também o Estatuto das Cidades, Lei nº 10.257, de 10 de julho de 2001. Necessário, por conseguinte, que os poderes públicos municipais estejam cientes desta responsabilidade e não continuem descumprindo preceitos constitucionais básicos, em prejuízo desta e das futuras gerações, principalmente diante da omissão quanto às construções irregulares que são, paradoxalmente, depois anistiadas ou consertadas, juridicamente, por meio, por exemplo, do instituto da usucapião.

Hoje, o direito de liberdade do indivíduo há que ser adjetivado, ou seja, a liberdade é com responsabilidade, de maneira que não é absoluto, eis que limitado diante da função social da propriedade e do desenvolvimento sustentável, o que leva Ana Paula de Almeida e João Gilberto Engelmann a afirmarem que,

> Uma ampla concepção de desenvolvimento requer, obrigatoriamente, que o Estado esteja presente tanto na economia quanto na sociedade, integrado com os demais atores sociais para que seja

possível alcançar os objetivos desenvolvimentistas. Assim, liberdade passa, então, a representar a capacidade crítica e consciente de o indivíduo existir na sociedade em relação à atividade institucional. Mais do que isso, a sustentabilidade requer, além de uma orientação individual e consciente, a firmação de responsabilidades objetivas e públicas, cujo sentido atinja à universalidade, enquanto processo integral de firmação de um contexto seguro e possível para as gerações futuras.[24]

Não se olvida que a concentração da renda, além de gerar desigualdade econômica e social entre a população, impede o acesso a uma educação de qualidade, de forma que a própria sociedade ainda não compreende a importância da utilização sustentável do espaço onde se encontra, acabando por agravar a situação das moradias como um todo, em que o próprio poder público mantém-se inerte.

Assim, continuamos, com nossa indiferença e omissão, distantes dos ensinamentos do sociólogo Herbert José de Souza, o Betinho, que cunhou uma frase que nos convoca a assumir nossa parcela de responsabilidade diante das desigualdades sociais: "Em resposta a uma ética da exclusão, estamos todos desafiados a praticar uma ética da solidariedade".[25]

REFERÊNCIAS

ALMEIDA, Ana Paula de; ENGELMANN, João Gilberto. Direito e sustentabilidade: perspectivas de uma geração livre e possível. In: *Veredas do Direito*. Direito Ambiental e Desenvolvimento sustentável Belo Horizonte. Escola Superior Dom Helder Câmara, v.7, n. 13/14, janeiro/dezembro 2010, Volume Especial.

BRASIL. Lei nº 12.187, de 29 de dezembro 2009. Disponível em: <http://www.planalto.gov.br/ccivil_03/_ato2007-2010/2009/lei/l12187.htm>. Acesso em: 14 out. 2014.

---

24 ALMEIDA, Ana Paula de; ENGELMANN, João Gilberto. Direito e sustentabilidade: perspectivas de uma geração livre e possível. In: *Veredas do Direito*. Direito Ambiental e Desenvolvimento sustentável Belo Horizonte. Escola Superior Dom Helder Câmara, v. 7, n. 13/14, janeiro/dezembro 2010, Volume Especial, p. 25.

25 QUEM FOI HERBERT JOSÉ DE SOUZA. Disponível em: <www.fiepr.org.br/nospodemosparana/uploadAddress/Betinho[28613].pps>. Acesso em: 14 out. 2014.

CARVALHO, Newton Teixeira; CONFALONIERI, Elza Sueli Barbosa. Sustentabilidade no Poder Judiciário. In: CARVALHO, Newton Teixeira; RIOS, Mariza (Coord.). *Direito à Cidade* – Moradia e Equilíbrio Ambiental. Belo Horizonte: Del Rey, 2012.

CARVALHO, Newton Teixeira; KLEINRATH, Stella de Moura. Sustentabilidade Ambiental. In: CARVALHO, Newton Teixeira; KLEINRATH, Stella de Moura; RIOS, Mariza (Coord.). *A cidade real e a cidade ideal em uma reflexão transdisciplinar*. Belo Horizonte: Del Rey, 2013.

CARVALHO, Newton Teixeira; RIOS, Mariza. Copa do mundo, olimpíadas e estado de exceção, uma constante e permanente negativa de direitos fundamentais, inclusive com a suspensão de nosso ordenamento jurídico em prol da soberania FIFA. In: CARVALHO, Newton Teixeira; REIS, Émilien Vilas Boas (Coord.). *Cidade, Eventos Esportivos e Estado de Exceção*. Belo Horizonte: Del Rey, 2014.

CARVALHO, Newton Teixeira; KLEINRATH, Stella; RIOS, Mariza. Função Ambiental do Tributo. In: REZENDE, Élcio Nacur; CARVALHO, Newton Teixeira (Coord.). *Temas de Direito* – Produções da Escola Superior Dom Helder Câmara – Homenagem a Helena Greco. Belo Horizonte: Escola Superior Dom Helder Câmara – ESDHC, 2011

FURQUIM, Claudia do Amaral. *O direito de construir na perspectiva urbanístico-constitucional*. Belo Horizonte: Del Rey, 2013.

GODINHO, Danilo. A Igualdade entre os Homens é Possível? *Revista Grandes Temas do Conhecimento* – Sociologia. Número 1 – ano 1.

GROSTEIN, Marta Dora. Metrópole e expansão urbana – a persistência de processos "insustentáveis". *São Paulo em Perspectiva*. Vol. 15, n. 1. São Paulo. Jan./Mar. 2001. Disponível em: <http://dx.doi.org/10.1590/S0102-88392001000100003>. Acesso em: 14 out. 2014.

IPEA/INFURB – Instituto de Pesquisa Econômica Aplicada e Núcleo de Pesquisas em Informações Urbanas. Gestão do uso do solo e disfunções do crescimento urbano. Avaliação dos instrumentos de planejamento e gestão do uso do solo na Região Metropolitana de São Paulo. Brasília, Relatório 2, 1998, mimeo.

IPEA/UFPE. Instituto de Pesquisa Econômica Aplicada/Mestrado em Desenvolvimento Urbano e Regional. *Gestão do uso do solo e disfunções do crescimento urbano. Avaliação dos instrumentos de planejamento e gestão do uso do solo na Região Metropolitana de Recife*. Relatório 2. Brasília, 1997, mimeo.

IPEA/UNICAMP-IE-NESUR/IBGE. *Caracterização e tendências da rede urbana do Brasil*. Campinas, Unicamp (Coleções Pesquisas, 3), 1999.

LINHARES, Mônica Tereza Mansur; PIEMONTE, Márcia Nogueira. Meio Ambiente e Educação Ambiental à Luz do Princípio da dignidade da pessoa humana. In: *Veredas do Direito*. Direito Ambiental e Desenvolvimento sustentável Belo Horizonte. Escola Superior Dom Helder Câmara, v. 7, n. 13/14, janeiro/dezembro 2010, Volume Especial.

MEYER, R.P.; LEME, M.C.; GROSTEIN, M.D.; BIDERMAN, C. "São Paulo Metrópole Terciária. Entre a modernização pós-industrial e a herança social e territorial da industrialização". São Paulo, FAU-USP/Ipea/Cebrap, Relatório Final, 1998 , mimeo. Disponível em: <http://www.fau.usp.br/fau/ensino/departamentos/historia/relatorio_atividades/relatorio_AUH2013.pdf>. Acesso em: 14 out. 2014.

PLATÃO. *A República*. Trad. de Maria H. da R. Pereira. 13ª ed. Lisboa: Fundação Calouste Gulbenkian, 2012.

REIS, João Emílio de Assis. O Direito ao Ambiente e o Direito à Moradia: colisão e ponderação de direitos fundamentais. In: *Veredas do Direito*. Direito Ambiental e Desenvolvimento sustentável. Belo Horizonte. Escola Superior Dom Helder Câmara, v. 10, n. 20, julho/dezembro 2013.

SILVEIRA, Sebastião Sérgio da; SILVEIRA, Ricardo dos Reis. Loteamentos fechados: privatização de espaços públicos e escravização dos moradores. In: *Veredas do Direito*. Direito Ambiental e Desenvolvimento sustentável. Belo Horizonte. Escola Superior Dom Helder Câmara, v. 8, n. 15, janeiro/junho 2011.

THOMÉ, Romeu. *Direito Ambiental Econômico*. Salvador: JusPodium, 2011.

SANTOS, Boaventura de Sousa. Democratizar o espaço, democratizar o território. Entrevista concedida a Susana Caló. *Revista Punkto*. Disponível em: <http://www.revistapunkto.com/2013/12/democratizar-o-espaco-boaventura-sousa.html>. Acesso em: 14 out. 2014.

LALOË, Florence Karine. Sustentabilidade: Os Desafios do Desenvolvimento. Desenvolvimento Sustentável das Cidades. *Valor Econômico*. São Paulo. 22 de setembro de 2011. Disponível em: <http://www.valor.com.br/sites/default/files/icleilacs_0.pdf>. Acesso em: 13 out. 2014.

Capítulo VI

SANEAMENTO BÁSICO COMO INSTRUMENTO DE DIMINUIÇÃO DAS DESIGUALDADES

Newton Teixeira Carvalho
Elcio Nacur Rezende

Pensar em saneamento é, inexoravelmente, evitar problemas de saúde, em curto prazo. Válidos, portanto, são os investimentos neste serviço público indispensável. Por consequência, os Municípios acabam economizando se prestarem este serviço com eficiência, principalmente considerando que tal atividade está atrelada ao direito fundamental de uma moradia digna, bem como ao Princípio da Dignidade da Pessoa Humana.

Dessa forma, a ausência de saneamento básico é tanto a demonstração cabal de negação de direitos fundamentais às pessoas como desprezo ao Princípio do Desenvolvimento Sustentável, ou seja, do crescimento preservando a natureza, para que as futuras gerações possam deles também usufruir.

É humilhante verificar famílias vivendo em locais insalubres, sem rede de esgoto, sem coleta de lixo, algumas necessitando buscar água em locais distantes e também insalubres, na ausência de encanamento no local onde moram. Crianças brincando em locais impróprios ou disputando alimentação com cachorros. Essas imagens, que continuam e são uma constante em pleno século XXI, ressaltam as desigualdades entre as pessoas e também comprovam que o Poder Público é irresponsavelmente omisso e, não obstante, também a sociedade, como um todo, ao tolerar e perpetuar tal estado de coisa.

E, o pior: é triste saber que se inexistisse a corrupção, esses problemas de ausência de saneamento básico não mais existiriam ou, pelo menos, seriam de mais fácil superação. Também causa estranheza e pode ser considerado como um paradoxo, o Poder Público deixar de injetar investimentos nesta área e, por conseguinte, abarrotar de doentes os postos de saúde e os hospitais, a maioria advinda da ausência de prestação desse serviço público fundamental, gastando, neste momento, muito mais, além de desprezar as dores e os sofrimentos desses enfermos, que também poderiam ser evitados, não fosse o saneamento olvidado, irresponsavelmente.

Assim, o presente capítulo, além de apontar as omissões das autoridades públicas, no tocante à prestação do serviço de saneamento, também pretende mostrar que é possível melhorá-lo, bastando, para tanto, trabalho coordenado entre as três esferas de poder, ou seja, entre a União, Estados e Municípios.

Não se pode olvidar que a prestação de serviço público de saneamento básico é de fundamental importância para redução da pobreza e que, a ausência desse serviço implica no desprezo ao princípio do desenvolvimento sustentável e, por conseguinte, na permanência de uma cidade de exceção, eis que nega constante e permanentemente direitos fundamentais aos cidadãos.

Calha aqui transcrevermos o que dissemos, em outro trabalho sobre a falta de efetivação e de garantia de cumprimento de direitos fundamentais, elencados pela Constituição Republicana de 1988, e que são direitos líquidos e certos, a nos impedir que adentremos, verdadeiramente, em um Estado Democrático de Direito.[1]

> Assim, continuamos em dívida com os oprimidos; continuamos em permanente estado de exceção (ilegal). Estamos diante de uma Constituição de papel[2], na falta de efetividade desta nossa Carta Maior. Carecemos, urgente, de pôr fim a esta mora. A dívida está

---

[1] CASTRO, Bernardo Vassalle de. A Participação Social no Processo Legislativo e o Desenvolvimento sustentável. In: *Veredas do Direito*. Direito Ambiental e Desenvolvimento sustentável. Belo Horizonte. Escola Superior Dom Helder Câmara, v. 7, n. 13/14, janeiro/dezembro 2010, Volume Especial, p. 224, esclarece: "O Estado Democrático de Direito é o modelo teórico de organização do poder que se estabelece considerando as necessidades e os interesses da sociedade revelados pela participação social nas decisões políticas e que se estrutura tendo como pressuposto o reconhecimento dos interesses difusos, direitos e liberdades fundamentais e a busca permanente da igualdade real entre os homens".

[2] LASSALLE, Ferdinand. *A essência da Constituição*. Rio de Janeiro: Lumen Juris, 2001, p. 23.

se acumulando. E, os oprimidos podem, devem e já estão apresentando a conta, através dos diversos momentos sociais conscientes, para fins de efetividade tardia dos direitos reconhecidos e não implementados, desde o advento da Constituição Republicana de 1988.[3]

6.1 SANEAMENTO BÁSICO

O saneamento básico é também uma preocupação constante da Organização Mundial da Saúde (OMS), que o define como "o gerenciamento ou controle dos fatores físicos que podem exercer efeitos nocivos ao homem, prejudicando seu bem-estar físico, mental e social".[4]

Dessa forma, não poderá mais prevalecer o descaso das autoridades públicas com relação à prestação desse serviço público indispensável. A população deverá ser orientada sobre os riscos que correm em razão da ausência de saneamento básico, que é um ramo do Direito Sanitário, para que possa cobrar a implementação deles, urgentemente.

Aliás, a questão envolvendo saneamento básico era mais política do que jurídica, posto que, na ausência de legislação a respeito, a prestação desse serviço acontecia junto aos Municípios, independentemente de leis, considerando que as cobranças, com relação a estas necessidades básicas, aconteciam mais em nível local, ou seja, de cada município.

---

3 CARVALHO, Newton Teixeira; RIOS, Mariza. Copa do mundo, olimpíadas e estado de exceção, uma constante e permanente negativa de direitos fundamentais, inclusive com a suspensão de nosso ordenamento jurídico em prol da soberania Fifa. In: CARVALHO, Newton Teixeira; REIS, Émilien Vilas Boas (Coord.). *Cidade, Eventos Esportivos e Estado de Exceção.* Belo Horizonte: Del Rey, 2014, p. 56.

4 Cfr.: <www.cesana.com.br/?pagina:saneamento>. Daquela mesma página consta a importância do saneamento básico, eis que: indispensável para a manutenção da saúde humana. E, ainda, "A implantação dos sistemas públicos de abastecimento de água, esgotamento sanitário e destino adequado do lixo traz uma rápida e sensível melhoria na saúde e condições de vida de uma população. Como exemplo, podemos citar: controle e prevenção de doenças; promoção de hábitos higiênicos; desenvolvimento de esportes; melhoria da limpeza pública; manutenção de praças e jardins; combate a incêndios; combate aos vetores".

Foi a partir da atuação do Banco Interamericano de Desenvolvimento (BID) que as mudanças no saneamento básico começaram a correr. É que na década de 1960, esta intituição incentivou a criação de empresas de economia mista para gerenciamento do saneamento, passando os Municípios, por consequência, a transferir tal serviço às companhias estaduais de saneamento.

Nasce, a partir deste contexto, o Banco Nacional de Habitação (BNH) para gerir os recursos do setor de saneamento básico e, em 1968, surge o BNH criando o Sistema Financeiro de Saneamento.

Posteriormente, na década de 1970, foi criado o Plano Nacional de Saneamento – Planasa, que não obteve sucesso, em razão da crise econômica pela qual o país, naquela década, passou. Ademais, em 1986, o Banco Nacional de Habitação foi extinto.

Ficamos no vácuo legislativo a respeito do assunto até que veio a Constituição Federal de 1988, já tratando do assunto. Entretanto, somente quase duas décadas depois é que surgiu o marco regulatório do saneamento básico, com a revogação da Lei nº 6.528/1978, que havia criado o antigo Planasa.

6.2 SANEAMENTO BÁSICO NA CONSTITUIÇÃO FEDERAL DE 1988

Pelo artigo 21, inciso XX, da Constituição Federal de 1988, é da competência privativa da União instituir diretrizes para o desenvolvimento urbano, inclusive habitação, saneamento básico e transportes urbanos.

Já o artigo 23 de nossa Lei Maior, deixa expresso que é da competência comum da União, dos Estados, do Distrito Federal e dos Municípios, afirmando, no inciso IX, deste mesmo dispositivo legal, que são da responsabilidade destes entes públicos promover programas de construção de moradias e a melhoria das condições habitacionais e de saneamento básico.

Considerando a importância do saneamento básico para a saúde, constou ainda do artigo 200 e respectivo parágrafo IV, da Constituição Federal, que ao sistema de saúde compete participar da formulação da política e a execução das ações de saneamento básico.

A constitucionalização de direitos tem por finalidade demonstrar a importância deles perante a sociedade, além de evitar que sejam negados, total ou parcialmente, mediante legislação infraconstitucional, além de definir bem as competências de cada ente da federação, evitando-se confrontos que se eternizariam, em prejuízo da comunidade carente de saneamento básico.

Por meio da positivação de direitos, presente na Constituição de 1988, não há mais como retroceder nas conquistas. A partir daí, a legislação que vem a regulamentar os dispositivos constitucionais aqui citados, deverá seguir adiante, buscando dar cabal cumprimento às disposições constitucionais, o mais rapidamente possível.

Assim é que surgiu a Lei nº 11.445/2007 e o Decreto nº 7.217/2010, cujos artigos, na parte que interessa a este trabalho, serão citados no próximo subtítulo. Porém, recomendamos a leitura desses dois trechos legais, eis que detalham bem o assunto a respeito de saneamento básico, trazendo inclusive diversas conceituações, o que nos leva a afirmar que estamos diante, com estes dois textos legais, do Estatuto do Saneamento Básico do Brasil.

Aliás, pelo aspecto didático, os aludidos dispositivos legais deveriam ser distribuídos entre todos, ou seja, entre associações de classes e de bairros, condomínios, câmaras legislativas, igrejas, escolas, partidos políticos etc., com o objetivo de melhor divulgação do assunto. Essa nossa proposta vai ao encontro de uma pedagogia da sustentabilidade,[5] bem como do disposto no artigo 225, inciso VI, da Constituição Federal, que é o de "promover a educação ambiental em todos os níveis de ensino e a conscientização pública para a preservação do meio ambiente".

Depois, como exigir postura democrática ativa da sociedade, se não dermos oportunidade efetiva para que todos tenham conhecimento de seus direitos? Assim, é chegado o momento de derrubarmos o mito de que a legislação, a partir do momento em que publicada, já é

---

[5] Sobre uma crítica no sentido de que não basta apenas educar, ler: MARTINS, Adriano Oliveira; SANCHES, Raquel Cristina Ferraroni. Por uma educação para sustentabilidade. In: *Veredas do Direito*. Direito Ambiental e Desenvolvimento sustentável. Belo Horizonte. Escola Superior Dom Helder Câmara, v. 9, n. 12, janeiro/junho 2021, p. 61-77.

do conhecimento de todos. A exigência de uma educação ambiental é fundamento para a assertiva aqui lançada, a de que não é suficiente, nos tempos atuais, a mera presunção legal do conhecimento da lei. É necessário que já no projeto de futura legislação, haja debate prévio sobre o assunto, perante a sociedade e que este debate continue, durante a discussão e votação do aludido projeto, nas casas legislativas, e que perdure, mesmo após a publicação da lei, para que ela seja aplicada e não ignorada ou até mesmo para que possa ser aperfeiçoada.

Somente agindo da maneira antes mencionada é que todos nós poderemos, independentemente de raça, credo, opção sexual, riqueza etc., sentirmo-nos como "autolegisladores", uma proposta assumida por Habermas,[6] na atualidade, e que, conforme esclarece Bobbio, já era defendida também por Kant, ao afirmar aquele filósofo:

> A causa desse entusiasmo – e, portanto, o sinal premonitório (*signum prognosticum*) da disposição moral da humanidade – era, segundo Kant, o aparecimento, no cenário da história, do 'direito que tem um povo de não ser impedido, por outras forças, de dar a si mesmo uma Constituição civil que julga boa'. Por 'Constituição Civil' Kant entende uma Constituição em harmonia com os direitos naturais dos homens, ou seja, uma Constituição segundo a qual 'os que obedecem à lei devem também, reunidos, legislar'.
>
> Definido o direito natural como o direito que todo homem tem de obedecer apenas à lei de que ele mesmo é legislador, Kant dava uma definição da liberdade, como autonomia, como poder de legislar para si mesmo.[7]

---

6 Habermas deixa assentado que a implementação do Estado de Direito Democrático passa, necessariamente, pela ideia da autolegislação dos cidadãos, a exigir que os que estão submetidos ao direito, na qualidade de destinatários, possam entender-se também enquanto autores do direito, através da teoria do discurso jurídico, a conferir força legitimadora ao processo de normatização (HABERMAS, Jurgen. *Direito e Democracia*: entre faticidade e validade. V. 2. Rio de Janeiro: Tempo Brasileiro, 1997, p. 157).

7 BOBBIO, Norberto. *A era dos direitos*. 10ª ed. Rio de Janeiro: Campus, 1992, p. 52.

6.3 A LEI 11. 445, DE 5 DE JANEIRO DE 2007 E O DECRETO 7.217, DE 21 DE JUNHO DE 2010

A Lei nº 11.455/2007 estabeleceu diretrizes nacionais para o saneamento básico e alterou as Leis nº 6.765, de 19 de dezembro de 1979, nº 8.036, de 11 de maio de 1990, nº 8.666, de 21 de junho de 1993, nº 8.977, de 13 de fevereiro de 1995 e revogou a Lei nº 6.528, de 11 de maio de 1978 e foi regulamentada pelo Decreto nº 7.217/2010.

Cuidou a Lei nº 11.455/2007, intitulada como Lei das Diretrizes Nacionais para o Saneamento Básico, de definir[8] o que é saneamento básico, em seu artigo 3º e respectivos incisos, abaixo transcritos:

> Art. 3º Para os efeitos desta Lei, considera-se:
>
> I – saneamento básico: conjunto de serviços, infraestruturas e instalações operacionais de:
>
> a) abastecimento de água potável: constituído pelas atividades, infraestruturas e instalações necessárias ao abastecimento público de água potável, desde a captação até as ligações prediais e respectivos instrumentos de medição;
>
> b) esgotamento sanitário: constituído pelas atividades, infra-estruturas e instalações operacionais de coleta, transporte, tratamento e disposição final adequados dos esgotos sanitários, desde as ligações prediais até o seu lançamento final no meio ambiente;
>
> c) limpeza urbana e manejo de resíduos sólidos: conjunto de atividades, infraestruturas e instalações operacionais de coleta, transporte, transbordo, tratamento e destino final do lixo doméstico e do lixo originário da varrição e limpeza de logradouros e vias públicas;
>
> d) drenagem e manejo das águas pluviais urbanas: conjunto de atividades, infraestruturas e instalações operacionais de drenagem

---

8 Não vislumbramos nenhum equívoco de o próprio legislador conceituar determinados institutos jurídicos, principalmente no campo do direito público, face ao princípio da legalidade, a autorizar o administrador a agir somente quando autorizado por lei. Depois, melhor o próprio legislador já definir conceitos, do que surgirem eles, posteriormente, através de decreto regulamentador, menos democrático, em termos de menor participação popular e por mera interpretação doutrinária e jurisprudencial.

> urbana de águas pluviais, de transporte, detenção ou retenção para o amortecimento de vazões de cheias, tratamento e disposição final das águas pluviais drenadas nas áreas urbanas;
>
> II – gestão associada: associação voluntária de entes federados, por convênio de cooperação ou consórcio público, conforme disposto no art. 241 da Constituição Federal;
>
> III – universalização: ampliação progressiva do acesso de todos os domicílios ocupados ao saneamento básico;
>
> IV – controle social: conjunto de mecanismos e procedimentos que garantem à sociedade informações, representações técnicas e participações nos processos de formulação de políticas, de planejamento e de avaliação relacionados aos serviços públicos de saneamento básico; (...).

O Decreto nº 7.217, de 21 de junho de 2010, que regulamentou a Lei nº 11.445, antes citada, que estabeleceu normas para a execução do marco regulatório, em seu art. 2º, inciso XI, definiu os serviços públicos de saneamento básico como o

> conjunto dos serviços públicos de manejo de resíduos sólidos, de limpeza urbana, de abastecimento de água, de esgotamento sanitário e de drenagem e manejo de águas pluviais, bem como infraestruturas destinadas exclusivamente a cada um destes serviços; (...).

A partir desse citado decreto, restou definido, para não deixar margem de dúvida alguma, o que são serviços públicos de saneamento, que poderão ser delegados pelo administrador público. Porém, a Administração pública poderá ser responsabilizada judicialmente caso se omita em prestá-los. Também o Ministério Público poderá ajuizar ações, para que cesse a omissão da Administração pública nessa prestação.

Nota-se, ainda, que a própria Lei 11.445/2007 excluiu, expressamente, o que não integra a prestação destes serviços, constando do artigo 4º daquela legislação que "os recursos hídricos não integram os serviços de saneamento básico". Na verdade, tal dispositivo há que ser entendido em consonância com o disposto nos incisos III e VI do artigo 20 e no inciso VI, do artigo 26, também da Constituição, a distribuir a competência dominial dos recursos hídricos entre União e Estado, o que não traduz na proibição do município de prestar este serviço de saneamento.

Assim, a utilização dos recursos hídricos está condicionada à outorga do direito de uso, cujos titulares são a União ou Estados. Porém, o titular do serviço de saneamento é o Município. Assim, o artigo 4º, da Lei 11.445/2007, ao afirmar que "os recursos hídricos não integram os serviços públicos de saneamento básico", no respectivo parágrafo único afirma que

> a utilização de recursos hídricos na prestação de serviços públicos de saneamento básico, inclusive para disposição ou diluição de esgotos e outros resíduos líquidos, é sujeita a outorga de direito de uso, nos termos da Lei nº 9.433, de 8 de janeiro de 1997, e das legislações estaduais.

A Lei 11.445/2007, em seu artigo 5º, deixou expresso que

> não constitui serviço público a ação de saneamento executada por meio de soluções individuais, desde que o usuário não dependa de terceiros para operar os serviços, bem como as ações e serviços de saneamento básico de responsabilidade privada, incluindo o manejo de resíduos de responsabilidade do gerador.

O disposto no artigo 5º, da Lei 11.445/2007, remete, para uma melhor compreensão, ao artigo 45 e respectivos parágrafos, ao determinar:

> Art. 45. Ressalvadas as disposições em contrário das normas do titular, da entidade de regulação e de meio ambiente, toda edificação permanente urbana será conectada às redes públicas de abastecimento de água e de esgotamento sanitário disponíveis e sujeita ao pagamento das tarifas e de outros preços públicos decorrentes da conexão e do uso desses serviços.
>
> §1º Na ausência de redes públicas de saneamento básico, serão admitidas soluções individuais de abastecimento de água e de afastamento e destinação final dos esgotos sanitários, observadas as normas editadas pela entidade reguladora e pelos órgãos responsáveis pelas políticas ambiental, sanitária e de recursos hídricos.
>
> §2º A instalação hidráulica predial ligada à rede pública de abastecimento de água não poderá ser também alimentada por outras fontes.

A partir das duas legislações infraconstitucionais acima aludidas, verifica-se que houve uma maior preocupação do Poder Público com o saneamento básico, até então carente de uma regulamentação já que as normas constitucionais a esse respeito não eram autoaplicáveis. A partir de então e após a definição do que é serviço público, a ênfase foi a prestação de tal serviço por intermédio de concessões, ao afirmar, a Lei 11.445/2007, no artigo 8º, que "os titulares dos serviços públicos de saneamento básico poderão delegar a organização, a regulação, a fiscalização e a prestação desses serviços, nos termos do art. 241 da Constituição Federal e da Lei nº 11.107, de 6 de abril de 2005".

6.4 TRISTE REALIDADE: O DESCUMPRIMENTO DAS LEGISLAÇÕES PELOS MUNICÍPIOS

Entretanto, apenas 30% dos 5.570 municípios concluíram os planos de saneamento básico, em 2013,[9] previsto pela Lei 11.445/2007, que tornou obrigatória a elaboração deles, o que impede tais municípios faltantes de receber recurso federal para aplicação no setor. Constou do Decreto 7.217/2010 que, a partir de janeiro de 2014, o acesso às verbas da União ou a financiamentos de instituições financeiras da administração pública federal, destinadas ao saneamento básico, estará condicionado à existência do plano.

Nota-se que, por ineficiência técnica, vários municípios brasileiros, não obstante carentes de saneamentos básicos, deixaram de executar estes serviços, eis que não têm recursos próprios e não poderão consegui-los junto à União, por expressa vedação normativa, na ausência do plano de saneamento básico. Assim e para evitar prejuízos maiores à população, a própria União poderia, por meio de cursos, ensinar os Municípios na elaboração desse indispensável documento, além de também pensar em financiamento para tais projetos, eis que várias deles sequer têm verba orçamentária para tanto.

Não há nenhuma lógica em deixar de aplicar verbas já destinadas à prestação do serviço público, por mera formalidade facilmente contornada e, enquanto isto, conforme dito na introdução deste trabalho, abarrotar os postos de saúde e hospitais com doentes, justamente por falta de saneamento básico, gastando-se muito mais. O paradoxo continua!

[9] Cfr.: <http://memoria.ebc.com.br/agenciabrasil/noticia/2013>.

E, através das legislações acima citadas, verifica-se que do plano, observadas as demandas de cada município, deverá constar projeto de longo prazo para investimentos em obras de abastecimento de água, limpeza urbana, coleta e tratamento de esgoto, manejo de resíduos sólidos e drenagem e manejo das águas pluviais, além de um diagnóstico da situação traduzidas em metas de curto, médio e longo prazos, para universalização do saneamento, bem como programas e ações necessários para atingir os objetivos, com identificação das fontes de financiamento e mecanismos para a avaliação da eficiência e a eficácia das ações programadas.

Ressalta-se que, em consonância com o boletim do Sistema Nacional de Informações sobre Saneamento, de 2011, 82% da população brasileira recebe água por meio de rede de abastecimento. Se considerarmos apenas a população urbana, este índice aumenta para 93%. Entretanto, o atendimento com rede coletora do esgoto atinge apenas 48% da população, a demonstrar que ainda há muito para se fazer, bem como também tal constatação é uma demonstração cabal de que ainda estamos bastante distantes de um desenvolvimento urbano sustentável. E, apesar de tudo, os Municípios sequer conseguem apresentar o plano de saneamento básico!

Assim, diante da triste realidade, acima aludida, com razão estão Saulo de Oliveira e Rodrigo Antonio Mello ao sustentarem a necessidade de uma ética desenvolvimentista:

> Afirmar que os seres humanos constituem o centro e a razão de ser do processo de desenvolvimento significa advogar um novo estilo de desenvolvimento que seja ambientalmente sustentável no acesso e no uso dos recursos naturais e na preservação da biodiversidade; socialmente sustentável na redução da pobreza e das desigualdades sociais e promotor da justiça e da equidade; culturalmente sustentável na conservação do sistema de valores, práticas a e símbolos de identidade que, apesar de sua evolução e reatualização permanentes, determinam a integração nacional através dos tempos; politicamente sustentável ao aprofundar a democracia e garantir o acesso e a participação de todos nas decisões de ordem pública. Este novo estilo de desenvolvimento tem por norte uma nova ética do desenvolvimento, ética na qual os objetivos econômicos do progresso estão subordinados às leis de funcionamento

dos sistemas naturais e aos critérios de respeito à dignidade humana e de melhoria da qualidade de vida das pessoas (...).[10]

Assim e buscando um desenvolvimento sustentável, através de uma melhoria de vida dos menos favorecidos, é que, do plano de saneamento básico, deverão os Municípios se preocupar com a água, mediante construções de estações de tratamento e sistema de captação e abastecimento.

E, no tocante ao esgoto, com interceptores, emissários, rede coletora, estação elevatória e de tratamento. No que diz respeito aos resíduos sólidos e líquidos industriais e de fossas, a preocupação é com o tratamento e destinação desses resíduos industriais, líquidos e sólidos e, ainda, com a disposição de resíduos especiais, a exemplo de agroquímicos e suas embalagens usadas e de serviço de saúde, dentre outros e com o tratamento e destinação de resíduos sólidos urbanos, inclusive os provenientes de fossas.

Nota-se que a implantação desses serviços contribui para uma melhor qualidade ambiental tanto na cidade como nas zonas rurícolas e, conforme afirmamos acima, vai ao encontro do princípio do desenvolvimento sustentável. Entretanto, a exemplo do sistema de abastecimento de água, a implantação ou melhoramento de tais serviços poderá ocasionar impactos ambientais no curso de água, por causa da remoção da cobertura vegetal, bem como, com relação à captação, nos mananciais e inundação de ecossistemas, no que tange ao reservatório de acumulação. Com relação à adução, poderá acontecer degradação na paisagem, além da instabilidade de encostas naturais, consequência da execução de cortes e vários outros impactos, inclusive na fase de operação.

Assim, necessário é verificar, primeiro, o impacto que tais serviços poderão causar no meio ambiente e obedecer, antes, busca a autorização para realização deles que, para tanto, observará os princípios

---

[10] COELHO, Saulo de Oliveira; MELLO, Rodrigo Antonio Calixto. Meio Ambiente e Educação Ambiental à Luz do Princípio da dignidade da pessoa humana. In: *Veredas do Direito*. Direito Ambiental e Desenvolvimento sustentável. Belo Horizonte. Escola Superior Dom Helder Câmara, v. 7, janeiro/ dezembro 2010, p. 13-14.

de direito ambiental,[11] a impedir a séria ou irreversível degradação do meio ambiente.

Assim é que o Decreto nº 7.217, de 21 de junho de 2010, em seu artigo 22, determina que

> O licenciamento ambiental de unidades de tratamento de esgoto sanitário e de efluentes gerados nos processos de tratamento de água considerará etapas de eficiência, a fim de alcançar progressivamente os padrões definidos pela legislação ambiental e os das classes dos corpos hídricos receptores (...).

É da alçada da autoridade ambiental competente estabelecer procedimentos simplificados de licenciamento para as atividades referidas no artigo ora transcrito, em função do porte das unidades e dos impactos ambientais esperados.

Neste ano de grande estiagem, com os reservatórios que ainda não secaram encontrando-se em níveis críticos e com a água já faltando nas torneiras de diversos municípios, de destacar-se que o Estatuto do Saneamento Básico, a Lei nº 11.445, de 5 de janeiro de 2007, acrescentou, por intermédio da Lei nº 12.862, de 2013, dentre os diversos princípios fundamentais, que deverão ser observados quando da prestação dos serviços públicos de saneamento básico, em seu art. 2º, inciso XIII, a adoção de medidas de fomento à moderação do consumo de água.

A questão de saneamento é, então, principalmente de direito público e merece maior atenção das autoridades competentes, eis que, segundo ressaltado por nós em outra obra:

> Um aspecto central na implementação de práticas de produção e consumo sustentáveis diz respeito à percepção pública sobre o tema. Tal percepção impõe a transformação tanto da ideia errônea de que os recursos naturais irão fluir de forma interminável, de que não há limites para o consumo, como do desconhecimento sobre condições sociais e ambientais sob as quais a produção global de bens é realizada.

---

11 Sobre os princípios de direito ambiental ver excelente obra didática de THOMÉ, Romeu. *Direito Ambiental Econômico*. Salvador: JusPodium, 2011, p. 57-103.

> Uma das consequências da RIO 92 foi o compromisso assumido pelos países de internalizar, em suas políticas públicas, as noções de sustentabilidade e de desenvolvimento sustentável.[12]

Por fim, através da implantação de saneamento básico em todos os municípios deste país, estaremos contribuindo, sobremaneira, para a prevenção de doenças. Evidentemente que a própria legislação citada neste trabalho teve a preocupação de definir o que seja saneamento básico. Entretanto, não podemos deixar de considerar também a definição da OMS (Organização Mundial de Saúde), segundo a qual "saneamento é o controle de todos os fatores do meio físico do homem que exercem ou podem exercer efeito deletério sobre o seu bem-estar físico, mental ou social". Assim, o objetivo maior da prestação de serviço de saneamento básico é promoção da saúde do homem e, por consequência, o respeito ao Princípio da Dignidade da Pessoa Humana.

Não é admissível mais, no estágio atual do desenvolvimento humano, que a omissão das autoridades públicas e também da própria comunidade permitam a proliferação de diversas doenças, que não têm nenhuma razão de ainda existir diante da evolução social-científica que nos encontramos, pelo simples e triste fato de ausência de saneamento básico. Lixo sem destino e água sem qualidade causam diarreias, cólera, febres tifoide e paratifoide, dentre outras patologias. E podem levar a óbito, além dos constantes casos de outros surtos de doenças que já deveriam estar erradicadas e que, ao contrário, ainda persistem e atingem milhões de pessoas.

Essas tristes imagens do ser humano disputando com outros animais locais para comer, banhar-se, alimentar-se e até mesmo defecar, é humilhante para todos nós e demonstra que o espírito de solidariedade ainda está distante. Certo é que a responsabilidade maior é do Poder Público, porém, também temos nossa parcela de culpa, quando elegemos mal nossos representantes ou quando, comodamente, compactuamos com essas humilhantes situações.

---

12 CARVALHO, Newton Teixeira; CONFALONIERI, Elza Sueli Barbosa. Sustentabilidade no Poder Judiciário. In: CARVALHO, Newton Teixeira; RIOS, Mariza (Coord.). *Direito à Cidade* – Moradia e Equilíbrio Ambiental. Belo Horizonte: Del Rey, 2012, p. 176.

Precisamos acabar com o paradoxo de deixar adoecer para depois tratar, se ainda possível for o tratamento. É necessária a realização de investimentos, com o escopo de colocar fim a este estado de coisa desumano. É preciso, antes de tudo, uma maior cobrança por parte da população prejudicada. É indispensável, nessa esfera de saúde pública, agir imediatamente e com responsabilidade.

Confirmando a ausência de serviços básicos de saneamento, sabido é que apenas 38% do esgoto neste país são tratados o que leva a jogá-lo nos rios, causando poluição e doenças endêmicas.[13] É esta ausência de saneamento que se traduz em custo elevado à saúde pública, inclusive com doenças e mortalidade infantis. Precisamos, por conseguinte, dar um basta nos índices negativos, diante da inércia das autoridades municipais, exigindo a imediata implantação dos planos de saneamentos. Porém e para isso, primeiramente necessário é que saibamos de nossos direitos, razão de voltaremos a insistir na necessidade de uma educação ecológica.

Somente superando esses percalços, de ausência de saneamento básico, é que poderemos afirmar que estamos vivendo em um Estado Democrático de Direito, conforme afirmamos em obra outra:

> Pensar, praticar ou viver a sustentabilidade é uma maneira eficiente e democrática de compartilhar o ambiente em que vivemos com todos, sem desequilibrá-lo ou torná-lo inviável àqueles que também queiram participar deste ambiente, desde já ou em um momento posterior. Portanto, o exercício da sustentabilidade é uma exigência democrática, eis que estamos igualmente imbuídos de objetivos comuns, dentre eles o de pertencimento, ou seja, fazemos parte deste mundo e, por conseguinte, devemos utilizar, de maneira inteligente, todos os benefícios que estejam em nosso alcance, cientes de que tais benesses são de propriedade de todos e, por conseguinte, devemos também envidar esforços para preservação destes bens, já que vivemos em um codomínio *pro-indiviso*, o seja, tudo pertence a todos, sem que haja limitação de espaço.[14]

---

[13] Cfr.: <http://www.ciesp.com.br/noticias/baixo-indice-de-saneamento-basico-nas-cidades-brasileiras-e-debatido-em-seminario-na-fiesp/>. Acesso em: 19 mar. 2014.

[14] CARVALHO, Newton Teixeira; KLEINRATH, Stella de Moura; RIOS, Mariza (Coord.). *A cidade real e a cidade ideal em uma reflexão transdisciplinar*. Belo Horizonte: Del Rey, 2013.

Assim, permitam-nos terminar este trabalho, com a companhia crítica de Affonso Romano de Sant'Anna, quando poetiza, com muita propriedade, com relação à negação de direito fundamental à moradia e também de saneamento básico:[15]

A hora mais desamparada de minha vida
é quando
vou pelos subúrbios de desesperanças povoado:
as pessoas se abastardando,
as casas se encolhendo,
a vida se sujeitando.
Mas pouco vou. Antes
do terraço de minha casa
por 10 minutos burgueses
de humilhação vermelho
me enfureço olhando uma favela:
cai uma criança na lama alguém
fuçando no lixo cães solertes
embriagadas canções e gritos dependurados
panos furados de bala e bicho
madeiras carmomidas lavadeiras
– Lavam o quê? Senão o linho dos lucros?
– Brueghgel redivivo?
– Bosch carioca?
Deus é brasileiro.

---

15 SANT'ANNA, Affonso Romano de. Má Consciência. In: *Que país é este*? Rio de Janeiro: Rocco, 1990, p. 35.

REFERÊNCIAS

ALOCHIO, Luiz Henrique Antunes. *Direito do saneamento*: introdução à Lei de diretrizes nacionais de saneamento básico (Lei Federal nº 11.445/2007). 2ª ed. Campinas: Millennium, 2011.

ARAGÃO, Alexandre Santos de. O Conceito de Serviços Públicos no Direito Constitucional Brasileiro. *Revista Eletrônica de Direito Administrativo Econômico* (REDAE), Salvador, Instituto Brasileiro de Direito Público, nº 17, fevereiro/março/abril, 2009.

BOBBIO, Norberto. *A era dos direitos*. 10ª ed. Rio de Janeiro: Campus, 1992.

BORJA, Patrícia Campos; FERNANDES, Ana. Política de Saneamento no Brasil e Instituições Financeiras Internacionais. *In: Biblioteca SEMASA*. Disponível em: <http://www.semasa.sp.gov.br/admin/biblioteca/docs/pdf/35Assemae095.pdf>. Acesso em: 15 ago. 2013.

CARVALHO, Newton Teixeira; CONFALONIERI, Elza Sueli Barbosa. Sustentabilidade no Poder Judiciário. In: CARVALHO, Newton Teixeira; RIOS, Mariza (Coord.). *Direito à Cidade* – Moradia e Equilíbrio Ambiental. Belo Horizonte: Del Rey, 2012.

CARVALHO, Newton Teixeira; REIS, Émilien Vilas Boas (Coord.). *Cidade, Eventos Esportivos e Estado de Exceção*. Belo Horizonte: Del Rey, 2014.

CARVALHO, Newton Teixeira; KLEINRATH, Stella de Moura; RIOS, Mariza. Função Ambiental do Tributo. In: REZENDE, Elcio Nacur; CARVALHO, Newton Teixeira (Coord.). *Temas de Direito* – Produções da Escola Superior Dom Helder Câmara – Homenagem a Helena Greco. Belo Horizonte: Escola Superior Dom Hélder Câmara – ESDHC, 2011.

CARVALHO, Newton Teixeira; KLEINRATH, Stella de Moura. Sustentabilidade Ambiental. In: CARVALHO, Newton Teixeira; KLEINRATH, Stella de Moura; RIOS, Mariza (Coord.) *A cidade real e a cidade ideal em uma reflexão transdisciplinar*. Belo Horizonte: Del Rey, 2013.

CARVALHO, Newton Teixeira; RIOS, Mariza. Copa do mundo, olimpíadas e estado de exceção, uma constante e permanente negativa de direitos fundamentais, inclusive com a suspensão de nosso ordenamento jurídico em prol da soberania Fifa. In: CARVALHO, Newton Teixeira; REIS, Émilien Vilas Boas (Coord.). *Cidade, Eventos Esportivos e Estado de Exceção*. Belo Horizonte: Del Rey, 2014.

CASTRO, Bernardo Vassalle de. A Participação Social no Processo Legislativo e o Desenvolvimento sustentável. In: *Veredas do Direito*. Direito

Ambiental e Desenvolvimento sustentável. Belo Horizonte. Escola Superior Dom Helder Câmara, v. 7, n. 13/14, janeiro/dezembro 2010, Volume Especial.

COELHO, Saulo de Oliveira; MELLO, Rodrigo Antonio Calixto. Meio Ambiente e Educação Ambiental à Luz do Princípio da dignidade da pessoa humana. In: *Veredas do Direito*. Direito Ambiental e Desenvolvimento sustentável Belo Horizonte. Escola Superior Dom Helder Câmara, v. 7, n. 13/14, janeiro/dezembro 2010.

DAL POZZO, Augusto Neves. A gestão do serviço de saneamento básico pelo instrumento da concessão. *In:* OLIVEIRA, José Roberto Pimenta; DAL POZZO, Augusto Neves (Coord.) *Estudos sobre o marco regulatório do saneamento básico no Brasil.* Belo Horizonte: Fórum, 2011.

HABERMAS, Jurgen. *Direito e Democracia*: entre faticidade e validade. V.2. Rio de Janeiro: Tempo Brasileiro, 1997.

LASSALLE, Ferdinand. *A essência da Constituição*. Rio de Janeiro: Lumen Juris, 2001.

LINHARES, Mônica Tereza Mansur; PIEMONTE, Márcia Nogueira. Meio Ambiente e Educação Ambiental à Luz do Princípio da dignidade da pessoa humana. In: *Veredas do Direito*. Direito Ambiental e Desenvolvimento sustentável. Belo Horizonte. Escola Superior Dom Helder Câmara, v. 7, n. 13/14, janeiro/dezembro 2010, Volume Especial.

MARTINS, Ricardo Marcondes. Titularidade do serviço de saneamento básico. *In:* OLIVEIRA, José Roberto Pimenta; DAL POZZO, Augusto Neves (Coord.) *Estudos sobre o marco regulatório do saneamento básico no Brasil.* Belo Horizonte: Fórum, 2011.

MARTINS, Adriano Oliveira; SANCHES, Raquel Cristina Ferraroni. Por uma educação para sustentabilidade. In: *Veredas do Direito*. Direito Ambiental e Desenvolvimento sustentável. Belo Horizonte. Escola Superior Dom Helder Câmara, v. 9, n. 12, janeiro/junho 2021.

SANT'ANNA, Affonso Romano de. Má Consciência. In: *Que país é este*? Rio de Janeiro: Rocco, 1990.

THOMÉ, Romeu. *Direito Ambiental Econômico*. Salvador: JusPodium, 2011.

Capítulo VII

A CIDADE, O PATRIMÔNIO CULTURAL E A GESTÃO URBANA

Émilien Vilas Boas Reis
Stella de Moura Kleinrath

O mundo contemporâneo é um mundo plural. Apesar de tal constatação, há uma tendência de homogeneização. A cidade, espaço por excelência da diversidade, não escapa a tal convergência. Os diferentes patrimônios culturais correm sempre sérios riscos de serem abandonados, esquecidos, absorvidos por outras tradições ou tratados exclusivamente a partir de interesses econômicos

Nesse cenário, os gestores públicos têm fundamental importância para a preservação do patrimônio cultural. Mas como justificar tal posição?

O capítulo que se segue pretende, inicialmente, na parte denominada "A criação da cultura", apontar o conceito filosófico de cultura e seu significado. Ilustra como o homem pode ser compreendido como um "ser-de-cultura".

A partir de um conceito mais geral sobre cultura, o texto se volta para as tradições culturais, elemento implícito ao patrimônio cultural. Pautado em Paul Ricoeur, no subcapítulo "Tempo, narrativa, tradição e história", o escrito faz uma relação entre os conceitos que dão nome a esta parte. Será importante demonstrar como o patrimônio cultural carrega em si uma narrativa no tempo (não necessariamente linear), cheia de história e tradição, capaz de unir gerações passadas, atuais e vindouras.

Depois dessas considerações, o texto passa a explanar o papel da gestão urbana na preservação do patrimônio cultural, iniciando com breve relato sobre o panorama nacional e as mudanças constitucionais de 1988 que levaram as políticas públicas de cultura a buscar reconhecimento para as diversidades culturais bem como ampliar o acesso até mesmo por meio da descentralização até as municipalidades.

Como a questão territorial começou a ter centralidade no novo cenário das políticas públicas, o texto é finalizado com uma análise das políticas municipais de Belo Horizonte, um dos primeiros municípios a aderir formalmente a essa política nacional.

7.1 A CRIAÇÃO DA CULTURA

Há inúmeras definições para cultura. De acordo com alguns teóricos, passa de uma centena de acepções. Termo bastante carregado dentro das ciências sociais, talvez uma forma interessante para ilustrar, em linhas gerais, o que é cultura caiba a uma visão filosófica. Partindo de uma leitura de Aristóteles (384 a.C.–322 a.C.), Lima Vaz[1] afirma que, para o estagirita, é um delírio tentar mostrar a existência do *ethos*, elemento coexistente e fundamental da cultura:

> Para Aristóteles seria insensato e mesmo ridículo querer demonstrar a existência do *ethos*, assim como é ridículo querer demonstrar a existência da *physis*. *Physis* e *ethos* são duas formas primeiras de manifestação do ser, ou da sua presença, não sendo o *ethos* senão a transcrição da *physis* na peculiaridade da *praxis* ou da ação humana e das estruturas histórico-sociais que dela resultam.[2]

Pode-se afirmar que a *physis* (natureza) é o campo do necessário, que, se transforma em *ethos* e *praxis*, o campo da liberdade e dos hábitos. Etimologicamente, *ethos* podia ser grafado com a letra inicial "eta" (*ηθος*), que significa morada ou casa do homem, ou seja, a capacidade que o homem tem de reconstruir a *physis* por meio do costume (ação); e com a letra inicial "épsilon" (*εθος*), que significa a constância do agir (hábito). As duas concepções acima têm uma ligação intrínseca:

---

1 Para uma síntese do pensamento de Lima Vaz a respeito de sua ética, à qual se faz menção, é sugerido MAC DOWELL, SJ., João A. Aspectos Fundamentais do Pensamento Ético de Padre Vaz. In: *Veredas do Direito*, vol. 1, n° 2, abr. 2004, p. 63-79.

2 VAZ, Henrique Claudio de Lima. *Escritos de Filosofia II*: Ética e Cultura. São Paulo: Loyola, 2004, p. 11.

> O *ethos* como costume, ou na sua realidade histórico-social, é princípio e norma dos atos que irão plasmar o *ethos* como hábito (*ethos-hexis*). Há, pois, uma circularidade entre os três momentos: costume (*ethos*), ação (*práxis*), hábito (*ethos-hexis*), na medida em que o costume é fonte das ações tidas como éticas e a repetição dessas ações acaba por plasmar os hábitos.[3]

Mediante essas considerações, é possível perceber a capacidade que o homem tem em si de modificar a natureza (*physis*). O homem, também natureza, tem a disposição de ir além da natureza e criar um novo mundo, que podemos denominar cultura. Como dizia o geógrafo Jean Jacques Élisée Reclus (1830–1905): "O homem é a natureza tomando consciência de si própria".

A capacidade que o homem tem de criar valores nos abre possibilidades para falar da cultura de uma maneira geral. Lima Vaz, pautado em Maurice Blondel (1861–1949), fala do homem como um agente capaz de criação simbólica, o que lhe permite transcender a si mesmo, criando a cultura:

> No objeto como termo da ação, no *opus* ou *ergon*, a transcendência do sujeito é atestada exatamente pela forma simbólica pela qual a forma natural do objeto é integrada no sistema da cultura ou no sistema das significações com que a sociedade e o indivíduo representam e organizam o mundo como mundo humano.[4]

Na cultura, o homem vive no simbólico criado por si. Assim, fazem parte da cultura: a linguagem (primeiro símbolo), o mito, a religião, a arte, o saber, o trabalho, e a organização social, todos eles permeados pelo *ethos* e sua capacidade de valorar o mundo cultural. O indivíduo, enquanto ser cultural, lida com o sistema técnico, o saber fazer (para sua sobrevivência), e o sistema normativo, o mundo dos valores.[5] Em outra obra, o filósofo brasileiro chega a afirmar que: a) a invenção da *técnne* e b) a criação do *ethos* são os dois gestos inaugurais da cultura.[6]

---

3 VAZ, Henrique Claudio de Lima, 2004, p 15.

4 VAZ, Henrique Claudio de Lima, 2004, p. 37.

5 Cf. VAZ, Henrique Claudio de Lima, 2004.

6 Cf. VAZ, Henrique Claudio de Lima. *Escritos de Filosofia V*: Introdução à ética filosófica 2. São Paulo: Loyola, 2000.

Para Lima Vaz, a unidade da cultura depende de sua relação com as estruturas da antropologia filosófica, que também ilustram as capacidades relacionais humanas dentro da cultura, a saber: a) objetividade => relação poiética (o saber fazer); b) intersubjetividade => relação prática (a relação com o outro); c) transcendência => relação teorética (capacidade de reflexão):

> O entrelaçamento dessas relações no existir histórico do homem define filosoficamente a cultura. Podemos afirmar, pois, que o ser do homem como ser-em-relação é, ontologicamante, um ser-de-cultura.[7]

7.2 TEMPO, NARRATIVA, HISTÓRIA E TRADIÇÃO

As tradições culturais são transmitidas de geração para geração através das formas de narrativa. Veremos, posteriormente, que narrativa tem em nosso texto um conceito mais amplo do que uma visão mais simplificada. Por outro lado, toda a narrativa ocorre no tempo (não necessariamente linear). A narrativa também carrega em si uma tradição e, por consequência, uma história ligada a uma cultura. Assim, narrativa, tempo, tradição e história são elementos que tornam compreensível a tradição cultural.

Nesse sentido, passemos a estudar tais conceitos e suas relações através do pensador francês Paul Ricoeur (1913–2005), que possui obras importantes que possibilitam *insights* sobre nossa temática.

No início de sua obra *Tempo e Narrativa* (Tomo I), Ricoeur afirma que "o tempo torna-se tempo humano na medida em que está articulado de modo narrativo".[8] Para adentrar na relação entre tempo e narrativa, Ricoeur propõe retomar dois clássicos do pensamento ocidental: Santo Agostinho e a problemática do tempo, e Aristóteles e seus conceitos de "tessitura de intriga" e "mimética".

De Agostinho, retoma a análise que o pensador africano fez sobre o tempo nas clássicas páginas das *Confissões*, mais especificamente o

---

7 VAZ, Henrique Claudio de Lima. *Escritos de Filosofia III*: Filosofia e Cultura. São Paulo: Loyola, 1997, p. 91-92.

8 RICOEUR, Paul. *Tempo e Narrativa* (Tomo I). Trad. Constança Marcondes Cesar. Campinas: Papirus, 1994, p. 15.

Livro XI, cujas temáticas são o tempo e a eternidade. A tese defendida pelo autor é que através de Agostinho pode-se perceber que "(...) a especulação sobre o tempo é uma ruminação inconclusiva, à qual se só replica a atividade narrativa".[9] Ao divagar sobre o tempo, Agostinho se depara com uma série de aporias, que percorrerá as páginas de sua obra. Sem se debruçar propriamente nas análises pormenorizadas do filósofo patrístico, o que denotaria uma extensão muito maior do nosso texto, a interpretação de Ricoeur é o que nos interessa.

Desta feita, a resposta de Agostinho sobre o que é o tempo, de acordo com Ricoeur, torna possível a relação intrínseca entre tempo e narrativa. Agostinho, após um longo percurso, vai afirmar que o tempo está no interior do homem. Nas palavras de Agostinho:

> Vou recitar um hino que aprendi de cor. Antes de principiar, a minha expectação estende-se a todo ele. Porém, logo que o começar a minha memória dilata-se, colhendo tudo o que passa de expectação para o pretérito. A vida deste meu ato divide-se em memória, por causa do que recitei, e em expectação, por causa do que hei de recitar. A minha atenção está presente e por ela passa o que era futuro para se tornar pretérito. Quanto mais o hino se aproxima do fim tanto mais a memória se alonga e a expectação se abrevia, até que esta fica totalmente consumida, quando a ação já toda acabada, passar inteiramente para o domínio da memória.[10]

Percebe-se acima que Agostinho, ao relatar um determinado canto, ilustra os elementos presentes para tal ação: a expectação do que irá se cantar, a memória, com todo o canto armazenado, e a atenção do presente, pela qual passam passado (memória) e futuro (expectativa). Em outras palavras: o tempo é distensão da alma (*distentio animi*). No interior do homem é que existe o tempo: presente das coisas passadas (memória); presente das coisas presentes (atenção); presente das coisas futuras (expectação).

O exemplo do canto elucida o que acontece em todas as instâncias da vida humana: "Isto mesmo sucede em toda a história 'dos filhos dos homens', da qual cada uma das vidas individuais é apenas uma

---

[9] RICOUER, Paul, 1994, p. 21.

[10] SANTO AGOSTINHO. *Confissões*. Trad. J. Oliveira Santos, S.J. e A. Ambrósio de Pina, S.J. São Paulo: Nova Cultural, 2000, p. 337.

parte".[11] Para Ricoeur a riqueza da reposta de Agostinho consiste no fato de que:

> Todo o domínio da narrativa é aqui virtualmente exibido; desde o simples poema, passando pela história de uma vida inteira, até a história universal. É a essas extrapolações, simplesmente sugeridas por Agostinho, que a presente obra é consagrada.[12]

Para fazer um contraponto à concepção agostiniana de tempo (para relacioná-los, posteriormente), Ricoeur irá trabalhar a *Poética* de Aristóteles, retomando os conceitos de tessitura da intriga[13] (*muthos*) e de atividade mimética (*mimese*). Novamente, vale a ressalva de que a *Poética* de Aristóteles também será mencionada na medida em que contribui para a reflexão ricoeurniana e nossa problemática.

Ricoeur inicia seu comentário à obra aristotélica percebendo uma relação intrínseca entre *mimese* e *muthos*:

> O que retenho, para a sequência do meu trabalho, é a quase identificação entre as duas expressões: imitação ou representação da ação e agenciamento dos fatos. A segunda expressão é, como se disse, o definidor que Aristóteles substitui ao definido *muthos*, intriga.[14]

Assim, a ação é a "atividade mimética regida pelo agenciamento dos fatos (em sistema)".[15]

O tempo será retomado na análise sobre Aristóteles. O filósofo chega à conclusão que, implicitamente, na obra *Poética*, o estagirita não trabalha o tempo "experenciado" de Agostinho, mas um tempo lógico da obra poética. A intriga tem o papel de reunir os eventos da tragédia: "A poesia é com efeito um 'fazer', e um 'fazer' sobre um 'fazer' (...). Somente não é um fazer efetivo, ético, mas precisamen-

---

11 SANTO AGOSTINHO, 2000, p. 337.

12 RICOEUR, Paul, 1994, p. 42.

13 Alguns traduzem como fábula: "Assim, são seis os elementos que constituem, necessariamente, a qualidade da tragédia, a saber: fábula, caracteres, falas, idéias, espetáculo e canto" (ARISTÓTELES. *Poética*. Trad. Baby Abrão. São Paulo: Nova Cultural, 2000, p. 43-44).

14 RICOEUR, Paul, 1994, p. 59.

15 RICOEUR, Paul, 1994, p. 60.

te inventado, poético".[16] O poeta é um criador que pode narrar fatos existentes ou imaginados, sendo a intriga (*muthos*) aquilo que reúne os eventos dispersos. E, como ressaltado acima, tais eventos narrados são imitações/representações (mimese) dos fatos.

Após tais considerações, Ricoeur se concentra em distinguir os vários sentidos de *mimese*, em que trabalhará posteriormente de maneira minuciosa:

> É preciso preservar no próprio significado do termo mimese uma referência ao que precede a composição poética. Chamo essa referência de mimese I, para distingui-la de mimese II – a *mimese-criação* – que permanece a função pivô. Espero mostrar, no próprio texto de Aristóteles, os índices esparsos dessa referência à montante da composição poética. Não é tudo: a mimese que é, ele nos lembra, uma atividade, a atividade mimética, não acha o termo visado por seu dinamismo só no texto poético, mas também no espectador ou leitor. Há, assim, um ponto de chegada da composição poética, que chamo de mimese III, de que buscarei também as marcas do texto da Poética.[17]

Pode-se notar que a *mimese* I se refere à composição poética ("o fazer"); a *mimese* II se refere ao campo do real ("o fazer sobre um fazer") e a *mimese* III diz respeito ao espectador e ao leitor encarando a obra poética. Tais concepções possibilitam uma ligação entre o mundo real (ético) e o mundo imaginário (poético).

Como unir o tempo vivido agostiniano e a narrativa aristotélica? A tese central de Ricoeur é que "existe entre a atividade de narrar uma história e o caráter temporal da experiência humana uma correlação que não é puramente acidental, mas apresenta uma forma de necessidade transcultural", ou seja, "que o tempo torna-se tempo humano na medida em que é articulado de um modo narrativo, e que a narrativa atinge seu pleno significado quando se torna uma condição da existência temporal".[18]

A relação entre tempo e narrativa será explicitada através das três distinções feitas sobre a mimese.

---

16 RICOEUR, Paul, 1994, p. 68.
17 RICOEUR, Paul, 1994, p. 77.
18 RICOEUR, Paul, 1994, p. 85

Sobre a *mimese* I, Ricoeur enfatiza que a composição poética (a composição da intriga), está condicionada a uma pré-compreensão do mundo e da ação, que abarca: a) as estruturas inteligíveis, b) as fontes simbólicas e c) o caráter temporal. Nela se encontram uma "trama conceitual", que abarca os seguintes elementos (estruturas inteligíveis) em uma ação: a) os fins; b) os motivos; c) os agentes; d) as circunstâncias; e) a interação; f) o resultado. Isto significa que a vida "vivida" possui uma "relação de intersignificação", que gera uma "compreensão prática" da vida. Esta narrativa prática é a base para a narrativa poética (intriga). Uma narrativa só faz sentido porque o narrador e o leitor/ouvinte possuem tal "compreensão prática". Entretanto, a narrativa vai além, ao acrescentar o discurso, isto é, traços sintáticos, explicitando a narrativa que existia no campo prático:[19]

> Pode-se resumir do seguinte modo a dupla relação entre inteligência narrativa e inteligência prática. Passando da ordem paradigmática da ação à ordem sintagmática da narrativa, os termos da semântica da ação adquirem integração e atualidade. Atualidade: termos que só tinham uma significação virtual na ordem paradigmática, isto é, uma pura capacidade de emprego, recebem uma significação efetiva graças ao encadeamento sequencial que a intriga confere aos agentes, ao seu fazer e ao seu sofrer. Integração: termos tão heterogêneos quanto agentes, motivos e circunstâncias são tornados compatíveis e operam conjuntamente em totalidades temporais efetivas.[20]

A ação pode ser narrada porque o campo prático contém simbolismos, o que possibilita um "contexto de descrição" para as ações, ou seja, uma compreensão através da situação: "o simbolismo confere à ação uma primeira legibilidade".[21] Isso significa que uma ação pode ser dita boa ou má dentro de um contexto simbólico. Tais qualidades éticas também serão retomadas pela narrativa poética.

Além das estruturas inteligíveis e das fontes simbólicas, a *mimese* I detém os caracteres temporais. As ações humanas ocorrem no tempo. Retomando *Ser e Tempo* de Martin Heidegger, Ricoeur levanta

---

19 Cf. RICOEUR, Paul, 1994, p. 88-91.

20 RICOEUR, Paul, 1994, p. 91.

21 RICOEUR, Paul, 1994, p. 93.

o conceito de "intratemporalidade", que é uma característica da "Inquietação" do *dasein*, o ente que pergunta pelo "Ser" e que está lançado ao mundo: o homem. É neste tempo que o homem age, inserido no cotidiano com os entes intramundanos, tempo este que não ocorre de forma linear (não é uma simples sucessão de agora). Assim, é possível sintetizar a mimese I:

> Imitar ou representar a ação, é primeiro, pré-compreender o que ocorre com o agir humano: com sua semântica, com sua simbólica, com sua temporalidade. É sobre essa pré-compreensão, comum ao poeta e a seu leitor, que se ergue a tessitura da intriga e, com ela, a mimética textual literária.[22]

A *mimese* 2 diz respeito ao "como-se" da narrativa de um autor, que retoma a vida "vivida". Ela faz a mediação entre a *mimese* 1 e a *mimese* 3 por três motivos: a) faz a ligação entre um acontecimento particular e uma história narrada, ou seja, um acontecimento passa a ter significado dentro de uma totalidade, b) a tessitura da intriga faz o elo entre agentes, fins, meios, interações, circunstâncias, resultados inesperados, etc., em suma, reúne os componentes de uma semântica da ação; c) faz a síntese do heterogêneo, uma relação entre a dimensão temporal cronológica, a história composta de vários acontecimentos, e a dimensão temporal não cronológica, a transformação dos acontecimentos pela intriga em uma história com princípio, meio e conclusão, criando uma totalidade temporal.[23] Em suma:

> Compreender a história, é compreender como e por que os episódios sucessivos conduziram a essa conclusão, a qual, longe de ser previsível, deve finalmente ser aceitável, como congruentes com os episódios reunidos.[24]

Com a narração histórica, pode-se concluir que: a) os acontecimentos ganham significados, b) as sequências indefinidas já são conhecidas em histórias re narradas, o que faz emergir uma nova compreensão de tempo, e c) conhecendo o "final da história" é possível ler o tempo de traz para frente. De acordo com Ricoeur: "o ato de narrar,

---

[22] RICOEUR, Paul, 1994, p. 101.

[23] Cf. RICOEUR, Paul, 1994, p. 101-104.

[24] RICOEUR, Paul, 1994, p. 105.

refletido no ato de seguir uma história, torna produtivos os paradoxos que inquietaram Agostinho a ponto de reconduzi-lo ao silêncio".[25]

Por fim, deve-se enfatizar que uma história está em um processo dialético de tradição e inovação. O leitor (ouvinte) pode se deparar com o conhecido (uma narrativa tradicional/regras narrativas tradicionais), mas o autor, mesmo dentro desse arcabouço, é capaz de gerar o novo. Assim, o leitor (ouvinte) também tramita entre a tradição e a novidade.[26]

Resta um comentário a respeito da *mimese* 3. Tal etapa corresponde à "intersecção entre o mundo do texto e o mundo do ouvinte e do leitor. A intersecção, pois, do mundo configurado pelo poema e do mundo no qual a ação efetiva exibe-se e exibe sua temporalidade específica".[27] É o momento em que a narrativa é recebida pelo leitor/ouvinte. Na verdade, pode-se afirmar que a narrativa permanece viva com o leitor, que atualiza a história com sua leitura/escuta, fazendo, inclusive, uma releitura (reinterpretação): "Nesse sentido, o ouvinte ou o leitor o recebem segundo sua própria capacidade de acolhimento que, também ela, define-se por uma situação ao mesmo tempo limitada e aberta a um horizonte de mundo".[28]

Apesar de Paul Ricoeur se deter na narrativa literária, fato é que tais considerações nos possibilitam ir além do que o Tomo I de *Tempo e Narrativa* se preocupa. Ricoeur ilustra a intrínseca relação entre tempo e narrativa. Podemos estender esta narrativa à história das diversas tradições culturais. Nesse sentido, mesmo um edifício, um artefato, um ritual ou um elemento da natureza levam em si simbolismos que carregam uma história e, por conseguinte, uma narrativa. Esta narrativa é o que possibilita as gerações posteriores criarem uma re-significação com os vários elementos culturais existentes.

A arquitetura, por exemplo, ilustra que a noção de narrativa explicitada acima se estende além de um texto escrito ou falado. Na obra *A memória, a história, o esquecimento*, Ricoeur esclarece esse ponto:

---

25 RICOEUR, Paul, 1994, p. 106.

26 Cf. RICOEUR, Paul, 1994, p. 107-110.

27 RICOEUR, Paul, 1994, p. 110.

28 RICOEUR, Paul, 1994, p. 119.

> Narrativa e construção operam um mesmo tipo de inscrição, uma na duração, a outra na dureza do material. Cada novo edifício inscreve-se no espaço urbano como uma narrativa em um meio de intertextualidade. A narratividade impregna mais diretamente ainda o ato arquitetural na medida em que este se determina em relação com uma tradição estabelecida e se arrisca a fazer com que se alternem renovação e repetição (...). Uma cidade confronta no mesmo especo épocas diferentes, oferecendo ao olhar uma história sedimentada dos gostos e das formas culturais. A cidade se dá ao mesmo tempo a ver e a ler. O tempo narrado e o espaço habitado estão nela mais estritamente associados do que no edifício isolado.[29]

É necessário frisar também a fundamental importância da memória no processo de assimilação e resguardo da tradição. Memória e tradição têm uma relação intrínseca entre si. A tradição cultural só pode existir devido à memória. Cada elemento cultural carrega em si uma possibilidade de recordações, pois está impregnado de história. Mas a tradição e a história não são simplesmente assimiladas, pois as gerações posteriores podem sempre dar um novo sentido para elas. É a narrativa sendo recontada.

Somos seres históricos. A narrativa, o tempo humano e a tradição se desenvolvem na história. A capacidade de ser histórico permite ao homem recorrer a vários recursos para elucidar esta historicidade:

> Ora, a história revela uma primeira vez a capacidade criadora de refiguração do tempo pela invenção e pelo uso de certos instrumentos de pensamento tais como o calendário, a ideia de sequência das gerações e a ideia, conexa, do triplo reino dos contemporâneos, dos predecessores e dos sucessores, enfim, e sobretudo, pelo recurso a arquivos, documentos e rastros. Esses instrumentos de pensamento têm de notável o fato de que desempenham o papel de conectores entre o tempo vivido e o tempo universal. Assim, eles atestam a função poética da história para a solução das aporias do tempo.[30]

---

[29] RICOEUR, Paul. *A memória, a história, o esquecimento*. Trad. Constança Alain François *et al*. Campinas: UNICAMP, 2008, p. 159.

[30] RICOEUR, Paul. *Tempo e Narrativa* (Tomo III). Trad. Roberto Leal Ferreira. Campinas: Papirus, 1997, p. 179-180.

O trecho acima mostra como Ricoeur também compreende a história de forma poética. Assim como a narrativa poética está inserida em um todo, que leva em consideração o contexto da história criada, o autor e o futuro leitor, a história pontual (tempo vivido) está em um contexto (tempo universal).

O patrimônio cultural carrega em si a historicidade de uma cidade, de uma região ou de um povo. O passado dessa historicidade pode ser denominado tradição, tornando tais conceitos extremamente próximos. Quando os homens do presente (tempo vivido) se preocupam em preservar o passado (tradição que faz parte do tempo universal), têm em vista o tempo futuro (também inserido no tempo universal). O patrimônio cultural tem a capacidade de unir todas as gerações.

Dentre os instrumentos de pensamento propostos por Ricoeur, a "sequência de gerações" e os "arquivos, documentos e rastros", podem ser associados ao patrimônio cultural. A respeito da sequência de gerações, o pensador francês afirma que ela "(...) proporciona a base sobre a qual repousa essa relação anônima entre indivíduos, tomada em sua dimensão temporal".[31] Por meio desta sequência, pode-se falar realmente em uma tradição que une o tempo, através dos indivíduos.

A narrativa tem um papel basilar para a tradição cultural, pensada como história. Por exemplo, a respeito do patrimônio cultural material, seu sentido depende de uma narrativa com significado, feita por um indivíduo que já conhece o que aquilo significa historicamente. Em se tratando de uma tradição cultural imaterial, a oralidade é a forma de transmissão por excelência. A lógica da história é fundamental para a tradição cultural, que é passada de geração em geração por narrativa. Ricoeur nos ajuda a compreender a passagem de significados entre gerações, criando uma tradição, que, por sua vez, faz o elo entre gerações:

> (...) meu avô pode ter-me contado, na minha juventude, acontecimentos acerca de seres que não pude conhecer. Assim, torna-se porosa a fronteira que separa o passado histórico e o passado recente (...). A memória do antepassado está em interseção parcial com a memória de seus descendentes, e essa interseção se realiza

---

31 RICOEUR, Paul, 1997, p. 187.

num presente comum, que pode ele próprio apresentar todos os graus, desde a intimidade do nós até o anonimato da reportagem. É assim lançada uma ponte entre passado histórico, entendido como tempo dos mortos, e tempo de antes de meu nascimento.[32]

O patrimônio cultural pode ser relido a partir da leitura de Ricoeur, que faz esta ponte histórica entre o passado, a memória dos descendentes e os antepassados mortos (o "tempo de antes de meu nascimento") e o presente, naquele que vive o presente e pode preparar para as gerações futuras.

O outro instrumento de pensamento que pode ser associado ao patrimônio cultural é a noção de "rastro", que está conectada aos arquivos e documentos. Todos estes instrumentos históricos são uma forma de "testemunho". Pode-se pensar o patrimônio cultural como um rastro que contém um testemunho. É a história se perpetuando:

> (...) o rastro indica *aqui*, portanto no espaço, e *agora*, portanto no presente, a passagem passada dos vivos; ele orienta a caça, a busca, a investigação, a pesquisa. Ora, tudo isto é a história. Dizer que ela é um conhecimento por rastros é apelar, em último recurso, para a *significância* de um passado findo que, no entanto, permanece preservado em seus vestígios.[33]

Mesmo que a interpretação e/ou assimilação do patrimônio sejam modificadas ao longo do tempo, o passado permanece presente na reinterpretação. Isto só é possível porque existe o testemunho, que serve de motor para a história. O passado existe pelo testemunho, que pode ser a pura oralidade ou vestígio. O patrimônio cultural carrega em si vários vestígios que chegam até o presente.

A capacidade de reinterpretação do passado no presente pode ser compreendida como um dos sentidos de tradição, entendida por Ricoeur como tradicionalidade. Para ele, o lapso temporal com o passado

> não é um intervalo morto, mas sim uma transmissão geradora de sentido. Antes de ser um depósito inerte, a tradição é uma opera-

---

[32] RICOEUR, Paul, 1997, p. 193.

[33] RICOEUR, Paul, 1997, p. 201.

ção que só se compreende dialeticamente no intercâmbio entre o passado interpretado e o presente interpretante.[34]

Entretanto, a tradicionalidade é explicitada de diferentes formas, através, por exemplo, dos diferentes patrimônios culturais. Para Ricoeur, este é o conceito material da tradição, chamado propriamente de tradições. Para ele, o sentido das tradições "significa que nunca estamos numa posição absoluta de inovadores, mas sempre inicialmente numa situação relativa de herdeiros".[35] Quando o indivíduo se percebe como existente, ele já está inserido dentro das tradições, que são transmitidas pela linguagem, e reinterpretadas constantemente.

A tradição (terceiro sentido) também será compreendida por Ricoeur como aquilo que designa a pretensão de verdade, que permanece até ser criticada no espaço público. Mas para haver crítica, será preciso estar inserido (fazer parte) na (da) tradição Esta presunção de verdade é entendida por Ricoeur como sendo

> a recepção confiante pela qual respondemos, num primeiro impulso, (...) a toda proposta de sentido, a toda pretensão de verdade, pela qual nunca estamos no começo do processo de verdade e de que pertencemos, antes de todo gesto crítico, a um reino de verdade presumida.[36]

7.3 A GESTÃO CULTURAL, A TERRITORIALIDADE E OS ATORES

O Patrimônio Cultural tem a capacidade de unir todas as gerações. A narrativa, o tempo humano e a tradição se desenvolvem na história. A cultura nacional e a cultura do lugar têm dinâmicas próprias em qualquer lugar do mundo.

No caso brasileiro, em seu ensaio *Cultura Brasileira e Culturas Brasileiras*,[37] Alfredo Bosi, acreditando ser impossível aglutinar sob a expressão "cultura brasileira" todas as manifestações materiais e

---

34 RICOEUR, Paul, 1997, p. 379.

35 RICOEUR, Paul, 1997, p. 379.

36 RICOEUR, Paul, 1997, p. 387-388.

37 BOSI, Alfredo. *Dialética da Colonização*. São Paulo: Companhia das Letras, 1992.

espirituais do povo brasileiro, propõe que se compreenda esta complexidade por meio da análise de cultura em grupos: a cultura erudita brasileira, centralizada no sistema educacional, e a cultura popular, basicamente iletrada.

A cultura erudita é basicamente urbana e encerrada nas universidades, enquanto a popular não tem base territorial certa, mas expressa muito do homem rústico, sertanejo e suburbano.[38] Bosi propõe ainda uma subdivisão destes dois grupos, necessária pelo desenvolvimento da sociedade urbano-capitalista: a Cultura Criadora individualizada, de escritores, compositores, artistas plásticos, cineastas e outros intelectuais que mesmo não estando nas universidades, formam o sistema cultural dito alto. Uma subdivisão da cultura popular seria a cultura de massas, com relação intrínseca com os sistemas de produção e Mercado de bens de consumo.

Desta forma, Bosi fecha sua divisão analítica em quatro grupos, que representam a produção cultural no Brasil: cultura universitária, cultura criadora extrauniversitária, indústria cultural e cultura popular.[39]

E a cidade – o lugar plural de diversidades – como parte do sistema urbano, regional, nacional e mundial, a reconhecer a importância da preservação da cultura local, pode se orientar por sistemas culturais já existentes.

No plano internacional, a preocupação com a preservação da cultura ante o rápido desenvolvimento econômico ocorrido no século XX, proporcionou alguns movimentos mundiais que influenciaram diretamente o tratamento da preservação do patrimônio cultural no Brasil.

Em 1988 foi lançada a década Mundial do Desenvolvimento Cultural, pelas Nações Unidas e em 1993 foi instalada a Comissão Mundial de Cultura e Desenvolvimento. Esta comissão iniciou os trabalhos por indicar o desafio da cultura no século 21:

> as complexas relações entre cultura e desenvolvimento econômico, entre globalização e expressões locais, entre fluxos informacionais e identidade e, especialmente, entre os aspectos inovadores dos movimentos civis e comunitários emergentes, como os da

---

38 BOSI, Alfredo, 1992, p. 309.
39 BOSI, Alfredo, 1992, p. 309.

> juventude das grandes periferias urbanos, e o impacto sobre a democracia e o fortalecimento da vida pública.[40]

A preocupação parecia ser o acesso desigual aos meios de expressão cultural. Tratava-se de garantir a narrativa e a tradição, seja como memória, seja como ato criativo espontâneo ou artístico.

Maria Porto afirma que, ao contrário de seus vizinhos latino-americanos, no Brasil o processo de democratização não acompanhou o aprofundamento do debate sobre o papel da política cultural e a importância do protagonismo político e da participação popular no reordenamento do papel do Estado no campo da cultura.[41] Apesar da implantação do Ministério da Cultura em 1985, a opção brasileira foi pela institucionalização de mecanismos financeiros que acabam por beneficiar setores mais organizados e que podem exercer mais pressão política.[42]

Porto afirma, no entanto, que o conjunto de opções estratégicas públicas atualmente, propostas para enfrentar a grande concentração de renda e de ativos educacionais e culturais em segmentos restritos da sociedade, não pode de maneira alguma desconsiderar a centralidade da cultura e das políticas culturais no processo de consolidação democrática brasileira.[43]

Ressalte-se a importância de projetos culturais que passam a conquistar espaços públicos e legitimar direitos sociais dos movimentos comunitários, seja das periferias, seja de grupos sociais diversos. Em capitais brasileiras como Belo Horizonte, o número de opções culturais públicas e privadas, em espaços públicos ou privados, é crescente. Resta entender quais os mecanismos que interferem nesta proliferação de ações culturais, ficando ainda uma questão a ser investigada em trabalhos futuros: por meio destas medidas do poder público, está preservado o patrimônio cultural?

---

40 PORTO, Maria. Cultura para o Desenvolvimento: Um Desafio de Todos. In: HOLLANDA, Heloísa Buarque de (Org.). *Cultura e Desenvolvimento*. Rio de Janeiro: Aeroplano, 2004, p. 105.

41 PORTO, Maria, 2004, p. 107.

42 PORTO, Maria, 2004, p. 108.

43 PORTO, Maria, 2004, p. 109.

7.4 A GESTÃO PÚBLICA DA CULTURA

A Constituição Federal, em seu artigo 215,[44] é clara quanto à defesa da valorização da cultura pelo Estado, indicando a criação de um Plano Nacional de Cultura, que norteie o desenvolvimento cultural do país com ações integradas do poder público. O objetivo constitucional é a defesa do patrimônio cultural, da produção, promoção, difusão dos bens culturais, e da valorização da diversidade étnica, bem como garantir a democratização do acesso aos bens culturais e a da formação de pessoal qualificado para gerir o sistema cultural em suas esferas públicas. Esta visão se difere das noções de cultura e de patrimônio que dominaram as discussões até então. Ela promove o abandono da vinculação da cultura a "fatos memoráveis da História do Brasil" com forte referência ao passado, adicionando a preocupação com o patrimônio cultural, a diversidade cultural, o direito de acesso à cultura e o papel do Estado na construção do cenário mais favorável à cultura.[45]

Em seu artigo 216, a Constituição Federal enumera os bens de natureza material e imaterial que constituem patrimônio cultural brasileiro:

> I – as formas de expressão;
>
> II – os modos de criar, fazer e viver;
>
> III – as criações científicas, artísticas e tecnológicas;
>
> IV – as obras, objetos, documentos, edificações e demais espaços destinados às manifestações artístico-culturais;
>
> V – os conjuntos urbanos e sítios de valor histórico, paisagístico, artístico, arqueológico, paleontológico, ecológico e científico.

---

44 Constituição da República Federativa do Brasil de 1988. Art. 215: "O Estado garantirá a todos o pleno exercício dos direitos culturais e acesso às fontes da cultura nacional, e apoiará e incentivará a valorização e a difusão das manifestações culturais".

45 CARVALHO, Cristina Amélia; SILVA, Rosimeri Carvalho da; GUIMARÃES, Rodrigo Gameiro. Sistema Nacional de Cultura: a tradução do dinâmico e do formal nos municípios da região Sul. Cadernos EBAPE.BR. Vol. 7, nº 4, 2009, p. 665-686. Disponível em: <http://bibliotecadigital.fgv.br/ojs/index.php/cadernosebape/article/view/5136>. Acesso em: 19 ago. 2014.

O artigo 216 ainda dá conta das obrigações das esferas públicas, sendo que o poder público, em conjunto com a comunidade, deve proteger o patrimônio cultural brasileiro, por meio de inventários, registros, vigilância, tombamento e desapropriação, e de outras formas de acautelamento e preservação, cabendo à administração pública, na forma da lei, a gestão da documentação governamental. Prevê ainda que a lei estabelecerá incentivos para a produção e o conhecimento de bens e valores culturais e que os danos e ameaças ao patrimônio cultural serão punidos, na forma da lei.

É neste artigo ainda que é facultado aos Estados a vinculação a fundo estadual de fomento à cultura de até cinco décimos por cento da receita tributária líquida. Em seguida, o artigo abre espaço para o instituto permanente do Sistema Nacional de Cultura (SNC), a ser organizado em regime de colaboração descentralizada e participativa, sendo um processo de gestão e promoção conjunta de políticas públicas de cultura, pactuadas entre os entes da Federação e a sociedade, objetivando a promoção do desenvolvimento humano, social e econômico com pleno exercício dos direitos culturais. Ele é fruto direto do esforço de vários agentes:

> O SNC é fruto da luta social travada por um sem número de agentes sociais, artistas, produtores culturais, intelectuais e militantes políticos que, levando em conta suas representações de mundo, bem como a pluralidade tanto de espaços territoriais quanto de formas de expressão e de representação da cultura, lutam pelo fortalecimento da cidadania, pela transformação social e pela emancipação dos sujeitos.[46]

O SNC é fundamentado na Política Nacional de Cultura – PNC – e suas diretrizes, estabelecidas no Plano Nacional de Cultura. O PNC foi instituído em 1975 e é um marco na história das políticas culturais do Brasil por ter sido nossa a primeira política nacional.[47]

De acordo com as diretrizes do SNC, os Estados, o Distrito Federal e os Municípios organizarão seus respectivos sistemas de cultura

---

[46] CARVALHO, Cristina Amélia; SILVA, Rosimeri Carvalho da; GUIMARÃES, Rodrigo Gameiro, 2009.

[47] CARVALHO, Cristina Amélia; SILVA, Rosimeri Carvalho da; GUIMARÃES, Rodrigo Gameiro, 2009.

em leis próprias. O SNC é o principal articulador federativo do PNC, estabelecendo mecanismos de gestão compartilhada entre os entes federados e a sociedade civil.

O Plano Nacional de Cultura foi criado pela Lei nº 12.343, de 2 de dezembro de 2010, com objetivos claros e princípios como a liberdade de expressão, criação e fruição, a diversidade cultural, universalização do acesso aos bens e serviços culturais e o direito à memória e às tradições. O PNC determina que dentre as competências do Poder Público estão a formulação de políticas públicas e programas que conduzam à efetivação dos objetivos, diretrizes e metas do Plano, garantindo a avaliação e a mensuração do desempenho do PNC e assegurando sua efetivação pelos órgãos responsáveis. O ente público fomentará a cultura de forma ampla, por meio da promoção e difusão, da realização de editais e seleções públicas para o estímulo a projetos e processos culturais, da concessão de apoio financeiro e fiscal aos agentes culturais, da adoção de subsídios econômicos, da implantação regulada de fundos públicos e privados, entre outros incentivos, nos termos da lei. Para tanto, organizará instâncias consultivas e de participação da sociedade para contribuir na formulação e debater estratégias de execução das políticas públicas de cultura, procurando ainda regular o mercado interno, estimulando os produtos culturais brasileiros com o objetivo de reduzir desigualdades sociais e regionais, profissionalizando os agentes culturais, formalizando o mercado e qualificando as relações de trabalho na cultura, consolidando e ampliando os níveis de emprego e renda, fortalecendo redes de colaboração, valorizando empreendimentos de economia solidária e controlando abusos de poder econômico.

Importante remarcar que o PNC incentiva a adesão de organizações e instituições do setor privado – pessoas físicas ou jurídicas –, às suas diretrizes e metas, por meio de ações próprias, parcerias, participação em programas e integração ao Sistema Nacional de Informações e Indicadores Culturais – SNIIC.

Cumpre ao Ministério da Cultura exercer a função de coordenação executiva do PNC, conforme esta Lei, ficando responsável pela organização de suas instâncias, pelos termos de adesão, pela implantação do SNIIC, pelo estabelecimento de metas, pelos regimentos e demais especificações necessárias à sua implantação.

7.5 GESTÃO DA CULTURA EM BELO HORIZONTE

O Sistema Nacional de Cultura – SNC – é o instrumento maior que dá as diretrizes para a divisão de poderes da gestão da cultura no Brasil. Os municípios fazem adesão ao SNC e iniciam seu processo até estar na condição de vigência regular, ou seja, terem alcançado todas as etapas previstas para adesão plena. Neste texto, buscamos as capitais brasileiras que já aderiram ao SNC e verificamos que apenas duas capitais estão em condição de vigência regular: Belo Horizonte e Palmas. Todas as outras estão em alguma etapa de seu processo de adesão. Como Belo Horizonte teve sua adesão completada em 10.05.2013 e Palmas em 24.09 do mesmo ano, vamos descrever a gestão municipal da capital que teve seu processo finalizado em primeiro lugar: Belo Horizonte. Esta seleção possibilita uma posterior análise do caminho seguido pela gestão pública e sua relação temporal.

Em Belo Horizonte, foi instituída pela Lei n.º 9011, em 1º de janeiro de 2005, a Fundação Municipal de Cultura – FMC, que tem por finalidade planejar e executar a política cultural do Município de Belo Horizonte por meio da execução de programas, projetos e atividades que visem ao desenvolvimento cultural. A FMC tem por atribuição zelar pelo patrimônio cultural do município, bem como promover ações de preservação da memória e de incentivo às manifestações culturais da cidade, realizando, por meio de suas unidades culturais, uma programação variada que abrange as diversas áreas e linguagens artístico-culturais. As atuais unidades culturais da FMC são 30, sendo oito instituições de acervo, memória e referência cultural, quatro bibliotecas, dezesseis centros culturais e dois teatros reformados e reabertos ao público em 2014.

Os trabalhos da FMC são orientados pela política pública estratégica e pela legal. Como estratégia de política pública, é feita referência ao plano de governo da administração municipal que implantou o Programa BH Metas e Resultados, para monitorar o plano de governo e a gestão pública. O Programa tem 12 Áreas de Resultados temáticas, sendo uma delas a Cultura.

A cidade possui ainda, desde 2012, um Planejamento Estratégico conhecido como A Cidade que Queremos em 2030. Instituído pelo

Decreto nº 14.791 de 09 de janeiro de 2012, o planejamento visa gerar as bases para que, no longo prazo, a cidade alcance bons resultados econômicos, sociais e de meio ambiente.

A FMC tem suas diretrizes também orientadas pelo Planejamento Estratégico A Cidade que Queremos em 2030. Duas estratégias do planejamento, afetam diretamente as diretrizes urbanas da cultura: I – promover a vitalidade cultural e os fatores de identidade com a cidade, II – incentivar manifestações culturais e iniciativas voltadas ao lazer, esporte e entretenimento. De um modo geral, as diretrizes do planejamento definem o desenvolvimento da cultura de forma regionalizada, gerando emprego e renda, integrada à educação e ao turismo. Uma cultura que ofereça ampla agenda de eventos e manifestações culturais e disponha da infraestrutura, gestão e dos mecanismos de financiamento necessários para garantir a vitalidade cultural da cidade.

Com relação às diretrizes legais, Belo Horizonte aderiu em 2012 ao Sistema Nacional de Cultura (SNC), por meio de um acordo de cooperação federativa, no qual a capital se compromete a criar o seu Sistema Municipal de Cultura e nele incluir questões sobre a política de fomento, promoção e formação na área cultural da cidade. A FMC está construindo a proposta de seu Sistema Municipal de Cultura – SMC, para que a Prefeitura de Belo Horizonte possa apresentar ao legislativo, de forma que seja sancionada a lei de criação do SMC de Belo Horizonte.

Como ainda não existe indicação consumada sobre a estrutura do Sistema Municipal da Cultura para Belo Horizonte, quem atua na gestão da cultura localmente são:

- Fundação Municipal de Cultura, que faz o planejamento e gestão urbana da cultura, composta por um conselho curador, um conselho fiscal e uma diretoria executiva;
- Conselho Municipal de Cultura: órgão colegiado paritário, com 30 membros, de caráter deliberativo e consultivo, vinculado à FMC; e
- Conselho Deliberativo do Patrimônio Cultural do Município de Belo Horizonte – CDPCM-BH, criado em 1984, pela Lei Municipal nº 3.802, o CDPCM-BH é o órgão responsável pela proteção do patrimônio cultural de Belo Horizonte. Composto

por representantes da sociedade civil organizada e de órgãos e instituições públicas, analisa e delibera os processos de inventário, tombamento, registro imaterial, registro documental e as propostas de intervenção nos conjuntos urbanos protegidos.

O sistema de cultura local conta ainda com a Conferência Municipal de Cultura. Trata-se de eventos preparatórios para as Conferências Nacionais de Cultura, reunindo de forma participativa, diversos setores da sociedade que levarão propostas para comporem novas ações do SNC. Os debates da 3ª Conferência, acontecida em 2013, foram organizados em torno dos seguintes temas: Implementação do Sistema Nacional de Cultura; Produção Simbólica e Diversidade Cultural; Cidadania e Direitos Culturais e Cultura e Desenvolvimento.

Os instrumentos legais que hoje orientam a gestão da cultura pela FMC são:

a) Incentivo à Cultura:

Por meio da Lei 6.498/1993, Lei Municipal de Incentivo à Cultura, a FMC busca promover mecanismos de apoio e incentivo para a realização de projetos culturais, selecionados pela Comissão Municipal de Incentivo à Cultura – CMIC, por meio de duas modalidades:

I – Fundo de Projetos Culturais que é a viabilização direta de recursos para projetos culturais que contemplem na sua execução quaisquer das ações elencadas no Edital de Seleção de Projetos Culturais para esse mecanismo;

II – Incentivo Fiscal, que é a Renúncia Fiscal do Imposto sobre Serviço de Qualquer Natureza (ISSQN) em favor de projetos culturais que visem à exibição, utilização e/ou circulação pública de bens culturais em Belo Horizonte e que contemplem na sua execução quaisquer das ações elencadas no Edital para Apresentação de Projetos Culturais para esse mecanismo.

b) Incentivo à Proteção do Patrimônio Cultural de Belo Horizonte:

Considerando-se que o patrimônio histórico de uma cidade é o conjunto das manifestações produzidas socialmente ao longo do tempo no espaço urbano, seja no campo das artes, nos modos de viver, nos ofícios, festas, lugares ou na paisagem da própria cidade, com seus atributos naturais, intangíveis e edificados. As edificações, o traçado da cidade, o desenho dos passeios, as praças, o paisagismo, as manifestações culturais, os costumes, os saberes, celebrações e práticas culturais tornam-se referências simbólicas e afetivas dos cidadãos em relação ao espaço vivido, e constituem a imagem, a identidade de sua cidade. Preservar o patrimônio cultural de uma cidade é manter as marcas de sua história ao longo do tempo e, assim, assegurar a possibilidade da construção dinâmica da identidade e da diversidade cultural daquela comunidade.

Desde 1994, a concepção de bem cultural foi incorporada às políticas de proteção do patrimônio cultural em Belo Horizonte. A partir de estudos sobre a formação, ocupação, modos de vida, história e tipologias arquitetônicas da cidade, foram definidos conjuntos urbanos, nos quais encontram-se espaços e manifestações culturais de interesse cultural. A articulação espacial entre os bens culturais conforma um conjunto, cuja ambiência proporciona um espaço mais rico em valores e com maior identificação com os grupos sociais que o produz, habita ou o frui. É importante ressaltar que essa ambiência inclui bens culturais dos mais variados usos, como residências, casas comerciais, instituições públicas, áreas verdes e de lazer, além de formas de expressão e práticas culturais. Essa pluralidade também se expressa nas opções construtivas que podem abranger desde elaborados projetos arquitetônicos, como também edificações que representam o desejo de seus proprietários e modos de vida constituídos no cotidiano da história da cidade. Considera-se que nos dois casos estão expressas visões de mundo, experiências de vida, enfim, uma história rica em informações culturais que criam laços de pertencimento e identidade do homem e sua cidade.

Adotar prioritariamente a proteção através de conjuntos urbanos não exclui, entretanto, a possibilidade de se efetuar tombamentos de imóveis, ou registros de manifestações culturais isolados, ou seja, em áreas fora daqueles conjuntos estabelecidos ou em estudo/inventário. Pelo contrário, essa proteção é o reconhecimento da importância de determinados bens culturais dentro do contexto histórico da cidade, sendo eles, em geral, fortes referências para a comunidade que se destacam na paisagem urbana e na representação da identidade.

A proteção por meio do Instituto de Tombamento é uma das formas de reconhecimento do valor coletivo de um bem cultural para a preservação da memória e história da cidade. Visto a necessidade da garantia de seu bom estado de conservação e uso, foram criados, pelo Poder Público, instrumentos de incentivo à proteção do patrimônio cultural da cidade:

I – Isenção de IPTU: podem ser isentos do IPTU os bens culturais com tombamento definitivo, desde que confirmado seu bom estado de conservação;

II – Transferência do Direito de Construir: transferência do direito de construir é um instrumento previsto na Lei de Parcelamento, Ocupação e Uso do Solo que concede o direito de alienar ou de exercer em outro local o potencial construtivo do lote que não possa ser exercido no imóvel de origem, seja por possuir proteção específica ou por se inserir em área de preservação ambiental ou cultural, quando ocorra restrição a seu potencial construtivo;

III – Leis de Incentivo: os projetos de recuperação de imóveis tombados podem ser financiados por meio das Leis de Incentivo nas instâncias federal (Lei Rouanet), estadual (Lei Estadual de Incentivo à Cultura) e municipal (Lei Municipal de Incentivo à Cultura). No caso de projetos destinados à preservação do patrimônio cultural (bens móveis integrados ou imóveis), estes podem incluir desde a restauração do bem, até a sua reabilitação e reconversão para outro uso diferente do original;

IV – Programa Adote um Bem Cultural: este programa é destinado a propiciar a possibilidade de cooperação com o Poder Público na restauração, conservação, salvaguarda e promoção de bens culturais protegidos.

Em 03 de junho de 2014, a Fundação Municipal de Cultura publicou edital para o "Descentra Cultura", com a intenção de democratizar o acesso aos recursos da Lei de Incentivo, por todas as áreas administrativas de Belo Horizonte. O recurso para este edital é de R$ 1.000.000,00 (Hum milhão de Reais) devendo apoiar até 50 projetos culturais expressos em 22 categorias, com até R$ 20.000,00.

REFERÊNCIAS

ARISTÓTELES. *Poética*. Trad. Baby Abrão. São Paulo: Nova Cultural, 2000.

BOSI, Alfredo. *Dialética da Colonização*. São Paulo: Companhia das Letras, 1992.

CARVALHO, Cristina Amélia; SILVA, Rosimeri Carvalho da; GUIMARÃES, Rodrigo Gameiro. Sistema Nacional de Cultura: a tradução do dinâmico e do formal nos municípios da região Sul. Cadernos EBAPE.BR. Vol. 7, nº. 4, 2009, p. 665-686. Disponível em: <http://bibliotecadigital.fgv.br/ojs/index.php/cadernosebape/article/view/5136>. Acesso em: 19 ago. 2014.

MAC DOWELL, SJ., João A. Aspectos Fundamentais do Pensamento Ético de Padre Vaz. In: *Veredas do Direito*, vol. 1, n° 2, abr. 2004, p. 63-79.

PORTO, Maria. Cultura para o Desenvolvimento: Um Desafio de Todos. In: HOLLANDA, Heloísa Buarque de (Org.). *Cultura e Desenvolvimento*. Rio de Janeiro: Aeroplano, 2004.

RICOEUR, Paul. *Tempo e Narrativa* (Tomo I). Trad. Constança Marcondes Cesar. Campinas: Papirus, 1994.

RICOEUR, Paul. *Tempo e Narrativa* (Tomo III). Trad. Roberto Leal Ferreira. Campinas: Papirus, 1997.

RICOEUR, Paul. *A memória, a história, o esquecimento*. Trad. Constança Alain François *et al*. Campinas: UNICAMP, 2008.

SANTO AGOSTINHO. *Confissões*. Trad. J. Oliveira Santos, S.J. e A. Ambrósio de Pina, S.J. São Paulo: Nova Cultural, 2000.

VAZ, Henrique Claudio de Lima. *Escritos de Filosofia III*: Filosofia e Cultura. São Paulo: Loyola, 1997.

VAZ, Henrique Claudio de Lima. *Escritos de Filosofia V*: Introdução à ética filosófica 2. São Paulo: Loyola, 2000.

VAZ, Henrique Claudio de Lima. *Escritos de Filosofia II*: Ética e Cultura. São Paulo: Loyola, 2004.

Capítulo VIII

DIREITO FUNDAMENTAL AO PROCESSO E DEMOCRATIZAÇÃO DA CIDADE

André Cordeiro Leal
Vinícius Lott Thibau

A conceituação de paradigma como "uma teoria que, uma vez institucionalizada e enquanto vigente, apresenta-se reguladora de outras teorias que lhe guardam correspondência e afinidade científica",[1] leva-nos a afirmar que as bases normativas de um paradigma jurídico-constitucional em vigor vinculam o povo, o Estado e as suas instituições jurídico-políticas.[2]

Assim, até que o marco teórico vigente seja substituído por outro que lhe supere cientificamente, apresenta-se inacolhível que a produção, a interpretação e a aplicação do direito desvinculem-se de suas bases normativo-constitucionais, sob pena de instalação de uma autocracia infiscalizável.

A escolha brasileira pelo paradigma jurídico-constitucional do Estado Democrático de Direito, portanto, é determinativa da ruptura teórica com as bases normativas dos paradigmas jurídico-constitucionais do Estado Liberal e do Estado Social que, sustentados por um protagonismo dos indivíduos patrimonializados ou por um protagonismo do Estado-total,[3] apresentaram-se inaptos para proporcionar uma

---

1 THIBAU, Vinícius Lott. *Presunção e prova no direito processual democrático*. Belo Horizonte: Arraes, 2011, p. 8.

2 Na constitucionalidade democrática, um estudo pormenorizado acerca do Estado e das suas Instituições Jurídico-Políticas é encontrado em obra coordenada por LEAL, Rosemiro Pereira. *Uma pesquisa institucional de estado, poder público e união na constitucionalidade brasileira*: significados equívocos e a interpretação do direito; busca de um novo *medium* lingüístico na teoria da constitucionalidade democrática. Belo Horizonte: Del Rey, 2008.

3 Nesse sentido, confira a obra de CASTRO, Bernardo Vassalle de. A participação social no processo legislativo e o desenvolvimento sustentável. In *Veredas do*

construção compartilhada das decisões relativas ao porvir jurídico, social, político e econômico.

Pela teorização do marco democrático, que se deu a partir de 1988, o solipsismo decisório (dogmático) que marcou os paradigmas jurídico-constitucionais do Estado Liberal e do Estado Social é afastado em prol dos direitos de participação e de fiscalização que são atribuídos a todos para a construção de uma comunidade jurídico-constitucional-democrática, inclusive no *locus* urbano.

A importância do processo para a democratização da Cidade, já destacada em obra anterior,[4] é ratificada pela conjectura de que, na constitucionalidade democrática, somente pelo processo é possível identificar, medir e afastar os problemas urbanos, negando acatamento à proeminência normativa instalada pela atuação de patrimonializados e Estado na decisão do destino no recinto urbano.

Para que os direitos de participação e de fiscalização na construção democrática da Cidade sejam exercidos de modo livre de coerção, erige-se indispensável o processo na perspectiva da teoria neoinstitucionalista.

8.1 PROCESSO COMO RELAÇÃO JURÍDICA DE DIREITO PÚBLICO E AUTOCRACIA DECISÓRIA NO *LOCUS* DA CIDADE

Para cumprir o objetivo de corrigir as distorções concernentes à legitimidade decisória identificadas nos paradigmas jurídico-constitucionais do Estado Liberal e do Estado Social, o processo não pode permanecer conceituado como uma relação jurídica de direito público que se desenvolve entre juiz (tribunal), autor e réu, e que situa a jurisdição no centro do sistema jurídico.

Direito: Direito Ambiental e Desenvolvimento Sustentável, Belo Horizonte, volume especial 7, n. 13 e 14, jan/dez 2010, p. 213-239.

4 THIBAU, Vinícius Lott. O processo na construção democrática da cidade. In RIOS, Mariza; CARVALHO, Newton Teixeira; KLEINRATH, Stella de Moura (coord.). *A cidade real e a cidade ideal em uma reflexão transdisciplinar*. 2ª tiragem. Belo Horizonte: Del Rey, 2014, p. 121-140.

A teorização de um processo civil ambiental como instrumento apto a servir ao chamado direito material ambiental, como se lê nos escritos produzidos por Marcelo Abelha Rodrigues,[5] apresenta-se frágil à inserção do povo na construção de seu destino no âmbito da Cidade, porque apenas reproduz os fundamentos da teoria do processo formalizada por Oskar von Bülow, no século XIX.

Em 1868, por sua famosa obra, *Teoria das exceções processuais e os pressupostos processuais*, Oskar von Bülow já apresentava aos estudiosos do direito a concepção de processo segundo a qual o juiz assumia a condição de protagonista,[6] vez que, pelo conceito que atribui ao processo (relação jurídica de direito público), o Estado assumiria um lugar que lhe era negado pelas concepções jurídicas anteriores.

O que fez o jurista alemão, valendo-se de referida obra, foi apresentar a sua interpretação da história do direito romano para apontar possíveis equívocos cometidos por autores que lhe eram contemporâneos, de alinhamento pandectista-privatista, para os quais a atuação dos juízes na solução de conflitos estaria condicionada, na Roma antiga, da qual era legatária a cultura jurídica alemã, à provocação das partes, inclusive quanto à verificação de eventual ausência das condições de existência do processo – o que se faria, segundo tais autores, por meio das denominadas exceções processuais.

Para Oskar von Bülow, no entanto, essa verificação não estaria a depender de provocações mediante exceções, principalmente porque, segundo ele, tais técnicas somente eram utilizadas, em Roma, para

---

5 RODRIGUES, Marcelo Abelha. *Processo civil ambiental*. 2ª ed. São Paulo: Revista dos Tribunais, 2010.

6 Isso fica claro quando o autor, ao frisar a importância de sua proposta, afirma que o processo trata da *função dos oficiais públicos*. Por isso é que, embora passe pela existência de uma *colaboração*, tal se dá, unicamente, da *vinculação* das partes ao juiz. Segundo o autor, "Desde que los derechos y las obligaciones procesales se dan entre los funcionarios del Estado y los ciudadanos, desde que se trata en el proceso de la función de los oficial es públicos y desde que, también, a las partes se las toma en cuenta únicamente en el aspecto de su vinculación y cooperación con la actividad judicial, esa relación pertenece, con toda evidencia, al derecho publico y el proceso resulta, por lo tanto, una *relación jurídica pública*" (BÜLOW, Oskar von. *La teoria de las excepciones procesales y los presupuestos procesales*. Buenos Aires: EJEA, 1964, p. 2).

a defesa do réu contra a aplicação do direito material pelo decisor. Rotulando de pressupostos as condições de existência do processo, Oskar von Bülow acabaria por autorizar o julgador a examinar, *ex officio,* a presença, ou não, de tais condições, ofertando-se ao magistrado um total controle sobre a relação jurídica processual (processo).

A obra publicada em 1868 ocupa-se, assim, de uma releitura do direito romano que retira das partes o poder de controle da atividade judicial. Ao afirmar o processo como relação jurídica de direito público, Oskar von Bülow coloca o juiz (e os tribunais) em uma posição privilegiada, porque, a partir daí, as partes são consideradas meras colaboradoras-subordinadas.

Na *Teoria das exceções processuais e os pressupostos processuais*, portanto, Oskar von Bülow não avança em relação ao papel do julgador quanto ao direito material ou quanto ao conteúdo de suas decisões. Cinge-se a analisar o papel do juiz no controle da relação processual que permite que ele decida. É em *Gesetz und Richteramt,*[7] originalmente publicada no ano de 1885, que o jurista alemão enaltece o papel da magistratura na interpretação, atualização e aplicação do direito.

Na obra *Gesetz und Richteramt*, Oskar von Bülow busca uma alternativa para o formalismo da Escola Histórica e da Jurisprudência dos Conceitos,[8] e afirma a imprescindibilidade de se devolver à magistratura alemã toda a importância que ela estaria a merecer pela confiança incondicional que recebia do povo, inclusive para afastar a legalidade e instalar práticas excepcionantes.

Não é por acaso, logo, que Oskar von Bülow, segundo aponta Karl Larenz,[9] e tendo em vista as observações de André-Jean Arnaud e María José Farinas Dulce,[10] é apontado como um dos precursores do Mo-

---

7 BÜLOW, Oskar von. Gesetz und richtertamt. In: BÜLOW, Oskar von. *Juristische zeitgeschichte* – kleine reihe – klassische texte. Berlin: Berliner Wissenschafts-Verlag GmbH, 2003, v. 10, p. 1-43.

8 WIEACKER, Franz. *História do direito privado moderno*. Tradução Antonio Manuel Botelho Hespanha. 3ª ed. Lisboa: Fundação Calouste Gulbenkian, 2004.

9 LARENZ, Karl. *Metodologia da ciência do direito*. 3ª ed. Tradução de José Lamego. Lisboa: Fundação Calouste Gulbenkian, 1997.

10 ARNAUD, André-Jean; DULCE, María José Farinas. *Introdução à análise sociológica dos sistemas jurídicos*. Rio de Janeiro: Renovar, 2000.

vimento do Direito Livre na Alemanha, que acaba por se sistematizar nos fins do século XIX e início do século XX.

A teoria bülowiana almejava apresentar uma proposta que permitisse o aumento do poder da magistratura alemã, como, ademais, já se demonstrou em outro estudo,[11] tendo como corolário, no fim das contas, que, por não haver determinação jurídica legal para cada problema concreto, seria necessário acentuar o "primado da vontade, do sentimento ou da intuição"[12] dos responsáveis últimos pela interpretação e aplicação do direito – os juízes.

Note-se que, ao comentar a Lei das XII Tábuas, Oskar von Bülow reafirma a sua admiração pela magistratura romana, indicando a indispensabilidade da assunção do legado pretoriano para a aplicação do direito na modernidade alemã:

> A servidão à Justiça, o Pretório, assumiu por quase meio milênio esta atividade. Surge uma magistratura, um direito da função pública, um *jus praetorium* ou *honorarium*, que não se limita à execução e complementação do direito legislado, mas também de fazer frente a todas as determinações contrárias entre si e contrárias à lei, impondo-o de caso a caso, simplesmente preservando-o de desigualdades desmedidas, por intermédio de anúncios prévios anuais das pretendidas alterações legais. Demais disso, os juízes do povo, requisitados por funcionários dos tribunais, não estavam impedidos, ao contrário, eram instruídos, a ter em conta as muitas necessidades do trânsito jurídico que se espalhara muito além de Roma e dos romanos, como da exigência da boa-fé, da teoria negocial, cujas observações, até aquele momento, eram apenas um costume livre, sem disposição legal. Tais considerações eram contraditórias às determinações estanques e mesquinhas da lei: eis a criação do judicial do direito. A moderna teoria aplicada também não sabe, desde o abandono da crença no poder supremo do legislador, como acompanhar a atividade criadora da magistratura, porque ela aplica o direito comum com um modelo torto.[13]

---

11 LEAL, André Cordeiro. *Instrumentalidade do processo em crise.* Belo Horizonte: Mandamentos, 2008.

12 LARENZ, Karl. *Metodologia da ciência do direito.* 3ª ed. Tradução de José Lamego. Lisboa: Fundação Calouste Gulbenkian, 1997, p. 79.

13 BÜLOW, Oskar von. Gesetz und richtertamt. In: BÜLOW, Oskar von. *Juristische zeitgeschichte* – kleine reihe – klassische texte. Berlin: Berliner Wissen-

Daí, o que se tem é que a moderna "ciência do processo" já surge apresentando, como pressupostos, a excepcionalidade e a fissura do ordenamento legal, situando o juiz na borda da legalidade para esvaziá-la ou corrigi-la, combatendo, assim, o fundamento de legitimidade do Estado Liberal, cuja atividade política restringia-se à eleição dos corpos parlamentares responsáveis pela elaboração de leis suficientes à condução dos interesses dos diversos segmentos sociais.[14] Segundo afirma Oskar von Bülow:

> Então, quando acontece, várias vezes, das decisões dos juízes contrariarem o sentido e a vontade da lei, isso deve ser aceito tranqüilamente, como um destino inevitável, como um tributo que os legisladores e juízes prestam à fraqueza do poder de expressão e comunicação humanas. Entretanto, nem essa consideração es-

---

schafts-Verlag GmbH, 2003, v. 10. p. 20-21. Texto original: "Die Gerichtsobrigkeit, die Prätur, nimmt sich fast ein halbes Jahrtausend hindurch dieser Aufgabe an. Es kommt ein Gerichts, ein Beamtenrecht, ein *juspraetorium* o der *honorarium* empor, welches sich nicht dabei bescheidet, das Gesetzesrecht blos durchzuführen un du ergänzen, sondern ihm auch überall mit gegensätzlichen, mit gesetzwidrigen Bestimmungen in den Weg tritt un dieselben von Fall zu Fall durchsetzt, blos durch jährliche Vorausverkündigung der beabsichtigten Rechtsneuerungen je auf Jahresfrist vor allzugroβer Ungleichmäβigkeit und Willkür behütet. Daneben waren aber auch die von Gerichtsbeamten bestellten Volksrichter nicht behindert, sondern sogar angewiesen, den vielen neuen Bedürfnissen des weit über Rom und Römer hinausgreifenden Rechsverkehrs und den Anforderungen von Treue und Glauben, von Geschäftsehre und Billigkeit, deren Beobachtung bis dahin blos eine freie thatsälichliche Sitte gewesen war, ohme gesetzliche Anordnung immer entschiedener Rechnung zu tragen, oft im vollen Wiederspruch zu dem starrem und engherzigen Gesetzesrecht: eine richterliche Rechtsschöpfung, welcher die moderne dem rechtsschöpferischen Berufe des Richtermats abgewandte Theorie, auch seit sie den Glauben an di Allmacht des Gesetzgebers aufgegeben hat, nicht recht beizukommen weiβ, weil sie die schiefe Schablone des Gewohnheitsrechts anlegt".

14 Habermas explica, sobre a concepção liberal de democracia, que "Ao votar, os eleitores expressam suas preferências. As decisões que tomam nas eleições têm a mesma estrutura que os atos eletivos de participantes do mercado voltados à conquista de êxito", de onde se infere que o produto dos eleitos no âmbito da atividade legislativa deve ser respeitado como desdobramento de escolha de cidadãos autônomos que buscam realizações de preferências ou interesses econômicos pessoais (HABERMAS, Jürgen. *A inclusão do outro* – estudos de teoria política. São Paulo: Loyola, 2002, p. 275).

> cusante, nem qualquer artifício jurídico, pode nos deixar desviar da verdade em questão, de que todas as muitas divergências entre as decisões judiciais e os dispositivos legais serão, mesmo assim, confirmadas pelo poder estatal. O Estado é obrigado a suportá-las, bem como dotá-las com o selo da força jurídica. Mesmo a decisão contrária à lei possui força de lei. Ela é, como qualquer decisão judicial, uma determinação jurídica originária do Estado, validada pelo Estado e por ele provida de força de lei. Com isso, não se quer dizer outra coisa além de que o juiz deve ser autorizado pelo Estado a realizar determinações jurídicas, as quais não estão contidas no direito legislado, mas encontradas pelos juízes, por eles criadas, escolhidas e desejadas![15]

De conseguinte, há mesmo justificativa para a influência da teoria bülowiana do processo e a importância que esta depositava nos juízes alemães na afirmação do Movimento do Direito Livre e seus desdobramentos na concepção de Ordenamento e de operacionalidade do direito propostas por Carl Schmitt e adotadas por Adolf Hitler.

Ingeborg Maus, analisando o "terror judicial" da Alemanha nazista, ao comentar as "Cartas aos Juízes" distribuídas pelo Ministério da Justiça a partir de 1942, deixa patentes os compromissos do totalita-

---

[15] BÜLOW, Oskar von. Gesetz und richtertamt. In: BÜLOW, Oskar von. *Juristische zeitgeschichte* – kleine reihe – klassische texte. Berlin: Berliner Wissenschafts-Verlag GmbH, 2003, v. 10, p. 37. Texto original: "Wenn es nun deshalb oft genug vorkommt, daβ richterliche Urtheile dem wahren Sinne und Willen des Gesetzes zuwiderlaufen, so ist dies gewiβ ruhigen Muthes als ein unvermeidliches Geschick zu erdulden, als ein Tribut, welchen die Gesetzgeber und Richter der Schwäche des menschlichen Mittheilungs – und Erkenntniβvermögens zollen. Aber weder diese entschuldigende Ueberlegund noch irgend ein juristisches Kunststück kann uns über die offen vorliegende Wahrheit hinweggleiten lassen, daβ alle die vielen Abweichungen der richterlichen Rechtssprüche von de gesetzlichen Rechtssatzung dennoch durch die Staatsgewalt *rechtlich bestätigt werden.* Der Staat ıs *genöthigt*, sie sich *gefallen zu lassen*, auch *sie* mit dem Stempel der Rechtskraft zu versehen. Auch das *gesetzwidrige Urtheil* ist doch *rechtsverbindlich*. Es ist wie jedes richterliche Urtheil eine von Staat ausgehende, vom Staat gebilligte, vom Staat mit seiner Zwangsgewalt ausgestattete Rechtsbestimmung! Damit ist aber nichts Anderes gesagt, als daβ der Richter vom Staate *ermächtig* ist, auch solche Rechtsbestimmungen vorzunehmen, die nicht im Gesetzesrecht enthalten, sondern lediglich vom *Richter* gefunden, ja erfunden, von *ihm, nicht vom Gesetze gewählt und gewollt sind*".

rismo alemão com o Movimento do Direito Livre.[16] Embora não se refira ao legado bülowiano, a coincidência das mensagens das "Cartas" redigidas mais de cinquenta anos depois do que dissera Oskar von Bülow é inequívoca:[17]

> Deste modo, aparece nas 'Cartas aos Juízes' nacional-socialistas, com grande coerência, a personalidade dos juízes como importante garantia para a 'correta' jurisprudência, cujas tarefas 'só poderiam ser executadas por seres humanos livres, dignos, dotados de clareza interior, portadores ao mesmo tempo de um grande senso de responsabilidade e de satisfação na execução desta'; a magistratura deveria representar a 'elite nacional'. Na literatura jurídica da era nazista tal crença aparece de modo lapidar: O 'juiz-rei do

---

16 Tal vinculação se confirma pelo ensino de Aroldo Plínio Gonçalves: "Foi a crise de confiança no Direito instituído pela sociedade politicamente organizada que inspirou a Escola do Direito Livre na Alemanha, o *Freirecht* de KANTOROWICZ, de EHRLICH, de PHILIPP HECK, mas foi também ela que, a partir de 1933, inspirou a 'renovação completa dos ideais do direito e da missão do juiz', que repudiou as construções lógicas dos romanistas e confiou no senso inato do juiz *à condition qu'il soit de pure race et qu'il s'inpire, non pas d'un individulism désuet, mais de la commaunité nationale* que admitiu que lei é um aspecto do direito, mas não o mais importante, porque existe *un droit non écrit qui se dégage de l'âme deu peuple alemand et qui est conforme aux necessités de la vie nationale, droit clairenent reconnu, ou mieux, senti et énergiquenent réalisé par le juge alemand*" (GONÇALVES, Aroldo Plínio. *Técnica processual e teoria do processo*. 2ª ed. Belo Horizonte: Del Rey, 2012, p. 5-6).

17 Nas palavras do autor "A visão e a capacidade criadoras do direito são obtidas através da formação da jurisprudência. A orientação justa é a conquista da formação moral do caráter. Feliz o país, cujos juízes tomaram para si ambos os requisitos. Um povo, o qual não pode confiar na sua visão jurídica e na correção de sua magistratura está abandonado, não obstante possua as melhores leis. Pois, não a lei sozinha, mas lei e magistratura garantem ao povo o seu direito". Texto original: "Die rechtsschöpferische Einsicht und Fähigkeit wird durch die rechtswissenshaftliche Bildung gewonnen. Die gerechte Gesinnung ist die Errungenschaft sittlicher Charakterbildung. Glücklich das Land, dessen Richter sich Beides ganz zu eigen gemacht haben! Ein Volk, welches sich nicht auf die Rechtseinsicht und die Gerechtigkeit seines Richterstandes verlassen kann, ist trotz der besten Gesetze verdorben un verloren. Denn nicht das Gesetz, sondern Gesetz und Richteramt schafft dem Volke sein Recht" (BÜLOW, Oskar von. Gesetz und richtertamt. In: BÜLOW, Oskar von. *Juristische zeitgeschichte* – kleine reihe – klassische texte. Berlin: Berliner Wissenschafts-Verlag GmbH, 2003, v. 10, p. 43).

> povo de Adolf Hitler deve libertar-se da escravidão da literalidade do direito positivo'. As 'Cartas aos Juízes também tinham em vista a elite judiciária, quando advertiam acerca de não se utilizar servilmente 'das muletas da lei', sustentando também que o juiz era visto como 'auxiliar direto na condução do Estado'. Na realidade, revela-se aqui na forma de sua completa destruição a ligação entre legislação e independência da Justiça. Uma Justiça que não precise derivar a legitimação de suas decisões das leis vigentes torna-se no mínimo dependente em face das necessidades políticas conjunturais, degradando-se a mero instrumento dos aparelhos administrativos.[18]

Assim, em 1885, ao contrário da posição relativamente discreta em relação à atividade judicial que havia assumido em 1868, ao analisar apenas a atividade judicial no controle da chamada relação processual, Oskar von Bülow exibiu um discurso indisfarçadamente apologético quanto a uma magistratura que, segundo o autor, foi a responsável pela manutenção da estabilidade social alemã ao longo da história.

O que se vê é que Oskar von Bülow, até hoje considerado por muitos como o "grande" criador da ciência processual,[19] não só enunciou uma teoria do processo como relação jurídica de direito público entre as partes e o tribunal (vínculo de subordinação entre pessoas) para instar a comunidade acadêmica ao desenvolvimento de uma ciência que tratasse especificamente do tema, como também, para fazê-lo, pressupôs que a tarefa de resolução de conflitos é dada ao Estado-Juiz que, por isso, deveria se postar acima das partes.

Considerados tais aspectos, a teoria bülowiana, e a ciência que inaugurou, apresentou-se fundamental para que jurisdição fosse concebida, já no nascedouro da cognominada ciência do processo, como tarefa do julgador que, representando um Estado indicativo dos corretos caminhos para a sociedade, deveria assumir um lugar especialíssimo na interpretação e na criação do direito, assim como na solução dos conflitos.[20]

---

18 MAUS, Ingeborg. Judiciário como superego da sociedade: o papel da atividade jurisprudencial na "sociedade órfã". In: *Revista Novos Estudos*, nº 58, nov., São Paulo: Cebrap, 2000, p. 197.

19 TORNAGHI, Hélio. *A relação processual penal*. 2ª ed. São Paulo: Saraiva, 1987.

20 Interessante notar que o legado bülowiano é ainda o cerne dos argumentos de autores da dogmática processual brasileira que permanecem alinhados aos fun-

Na teoria relacionista, o processo explicita a subordinação das partes ao poder soberano, só adquirindo sentido na medida em que, por seus contornos conceituais, fornece o instrumental normativo necessário à imposição estatal da dicção do direito.

Em outros termos, com a assimilação, pela dogmática do direito processual posterior, do pano de fundo jurisdicionalista e solipsista da teoria bülowiana, a atividade dos juízes e a sua missão de condução ética (axiológica) dos destinos da nação é o que passa a interessar aos processualistas alinhados a um paradigma jurídico-constitucional do Estado Social, em que se pressupõe, desde sempre, que há guardiões iluminados a reger cidadãos incapazes e a merecer o socorro prestante de um tutor – daí a chamada "tutela jurisdicional".

É o que se lê, ainda hoje, nos escritos de Cândido Rangel Dinamarco, para quem:

> A visão instrumental que está no espírito do processualista moderno transparece, também, de modo bastante visível, nas preocupações do legislador brasileiro da atualidade, como se vê da Lei dos Juizados Especiais, na Lei da Ação Civil Pública, no Código de Defesa do Consumidor, e no Código de Defesa da Criança e do Adolescente (medidas destinadas à efetividade do processo).

Ao completar seu raciocínio, o autor destaca a finalidade do processo, e aduz, ainda, que:

> É indispensável que também o intérprete fique imbuído desse novo método de pensamento e sejam os juízes capazes de dar ao seu instrumento de trabalho a dimensão que os tempos exigem.[21]

---

damentos dessa suposta ciência. Cândido Rangel Dinamarco, por exemplo, frisando a crítica da importância da atividade legislativa tão cara ao Estado Liberal, afirma que: "Tudo andaria muito bem se o legislador não fosse um ser humano e tivesse a capacidade de prever rigorosamente tudo quanto na vida comum pode acontecer. Mas, como a vida é muito mais rica do que a imaginação do legislador, na experiência comum surgem situações que, contrariando as expectativas, não comportam as soluções postas nos textos do direito positivo. (...) Daí a imperfeição de toda ordem jurídico-positiva, a ser superada pela atuação inteligente e ativa do juiz empenhado em fazer com que prevaleçam os verdadeiros princípios da ordem jurídica sobre o que aparentemente poderia resultar dos textos" (DINAMARCO, Cândido Rangel. *A nova era do processo civil*. São Paulo: Malheiros, 2004, p. 21).

21 DINAMARCO, Cândido Rangel. *A instrumentalidade do processo*. São Paulo: Malheiros, 1996, p. 23-24.

O direito, assim considerado, não é do cidadão, mas do Estado-Juiz, que tem o monopólio de dizê-lo (enunciá-lo). A teoria bülowiana promove uma infantilização generalizada do povo, que é incapaz, *per se*, de saber qual é o direito que dirige sua existência, assumindo, dessa forma, a condição de mero "jurisdicionado".

De conseguinte, o atrelamento teórico entre o meio ambiente e o processo, compreendido como mero instrumento para atuação do direito material ambiental, não se apresenta compatível com as bases normativas do paradigma jurídico-constitucional do Estado Democrático de Direito.

É de se esclarecer que, segundo a taxionomia da dogmática jurídica tradicional, o direito material distingue-se do direito processual por seu induvidoso conteúdo ético-moral. O direito material, ao contrário do direito processual, atribui valores às condutas humanas, separando o preferível, o desejável e o permitido do não pretendido, do indesejável e do proibido. Segundo Antonio Carlos de Araújo Cintra, Ada Pellegrini Grinover e Cândido Rangel Dinamarco, o "*Direito material* é o corpo de normas que disciplinam as relações jurídicas referentes a bens e utilidades da vida (direito civil, penal, administrativo, comercial, tributário, trabalhista etc.)".[22]

Portanto, ao se adotar a teoria bülowiana do processo para afirmar que o processo é instrumento para a atuação do direito material, adota-se, coetaneamente, a perspectiva segundo a qual o direito material, no caso de conflitos decididos pela jurisdição, é aquele que o juiz diz que é. Processo é, logo, instrumento da jurisdição na dicção do direito material no caso de conflito, conforme lição clássica de Giuseppe Chiovenda que, incorrendo no paradoxo de Bülow,[23] aduz:

> No entanto, os defeitos inevitáveis no funcionamento prático do processo não podem influir sobre sua definição, porque a idéia de um instituto deve deduzir-se de sua destinação fundamental e não de seu funcionamento prático. Ninguém negará que a medicina seja a arte de curar as doenças só porque o erro de um médico pode ser fatal ao enfermo. Da

---

22 CINTRA, Antonio Carlos de Araújo; GRINOVER, Ada Pellegrini; DINAMARCO, Cândido Rangel. *Teoria geral do processo*. 15ª ed. São Paulo: Malheiros, 1999, p. 40.

23 Como enuncia LEAL, André Cordeiro. *Instrumentalidade do processo em crise*. Belo Horizonte: Mandamentos, 2008.

> mesma forma ninguém pode negar que a destinação do processo seja a de fazer justiça: *Praetor ius reddere dicitur etiam cum unique decernit, relatione scilicet facta non ad id quod ita praetor fecit, sed ad illud quod praetorem facere convenit (fr. 11, Dig. De iustitia et iure 1,1).* Juridicamente, a vontade concreta da lei é aquilo que o juiz afirma ser a vontade concreta da lei. O erro eventual do juiz não autoriza nem a sustentar que o direito efetivo, mas desconhecido, sobreviva ao estado de obrigação natural (o que equivaleria a destruir a coisa julgada), nem a afirmar de modo geral que antes do processo não exista direito.[24]

Daí, se o processo se apresenta apenas como um método destinado à positivação do poder estatal por uma jurisdição como atividade do juiz na enunciação do direito material ambiental em caso de conflito, não é mesmo hábil a proporcionar a participação e a fiscalização constitucionalmente conferidas ao povo quanto ao meio ambiente artificial, nos âmbitos da produção, da interpretação e da aplicação do direito urbanístico.

Acolhendo-se o conceito de processo como relação jurídica de direito público entre juiz (tribunal), autor e réu, a Cidade erige-se como recinto de domesticação do povo, e não de construção compartilhada do ambiente urbano.

8.2 NEOINSTITUCIONALISMO PROCESSUAL E DEMOCRATIZAÇÃO NO RECINTO DA CIDADE

A aposta teórica em um denominado direito judicial para o afastamento dos distúrbios causados pela urbanização desordenada não se mostra adequada para a implementação de uma Cidade Democrática. A vinculação existente entre jurisdição e poder somente se faz bem acolhida pelas bases normativas do paradigma jurídico-constitucional do Estado Social, em que a estatalidade atua de maneira totalizante, impondo-se como controladora dos destinos do povo.

No paradigma jurídico-constitucional do Estado Democrático de Direito, não se sustentam quaisquer propostas teóricas concentradas na jurisdição de cunho bülowiano. A monologia decisória que via-

---

[24] CHIOVENDA, Giuseppe. *Instituições de direito processual civil.* 3ª ed. Tradução Paolo Capitanio. Campinas: Bookseller, 2002, v. 1, p. 64.

bilizou o autoritarismo de um "Estado que se assume como agente conformador da realidade social e que busca, inclusive, estabelecer formas de vida concretas, impondo pautas 'públicas' de vida boa",[25] deve ser afastada em prol de um compartilhamento decisório que a todos do povo inclui na resolução de seu próprio destino, também no *locus* da Cidade.

Por consequência, no marco teórico democrático, não são recepcionáveis as lições de Luigi Bonizzato que, valendo-se de farta e eclética doutrina, atribui ao Estado-Juiz a responsabilidade de gerar eficácia ao direito urbanístico brasileiro. Segundo o autor, aos tribunais não devem "faltar iniciativa e coragem para tentar superar as dificuldades ligadas à ineficácia",[26] porque, conforme assevera:

> Já há tempos que não se discute a importância do papel dos Tribunais na formação do direito. Enquanto o legislativo produz a lei, o Judiciário a consolida, formando o direito aplicável, harmonizando as relações humanas por meio de interpretações variadas dos dispositivos legais e, também, constitucionais. O direito judicial é realidade e dele depende a manutenção e longevidade do ordenamento jurídico. A vida da Constituição depende diretamente da participação dos Tribunais. Uma Constituição viva é a experiência cotidiana das Cortes, sobretudo constitucionais, as quais, pela interpretação, mantêm acesa a chama constitucional. A interpretação, certamente, pode-se dar de várias formas, uma das quais a evolutiva, outra a que busca o significado original do dispositivo constitucional. Mas, para agradar a dita Constituição viva, deve preferir a extensão de direitos à sua limitação e restrição. Qualquer que seja a forma, contudo, o papel criativo da jurisprudência surge, em menor ou maior grau.

E conclui:

> De acordo com o a seguir enfrentado, percebe-se que em termos de Direito Urbanístico e da eficácia das normas constitucionais e infraconstitucionais nacionais sobre a matéria, que têm no Esta-

---

25 CATTONI DE OLIVEIRA, Marcelo Andrade. *Direito constitucional.* Belo Horizonte: Mandamentos, 2002, p. 59.

26 BONIZZATO, Luigi. *A constituição urbanística e elementos para a elaboração de uma teoria do direito constitucional urbanístico.* Rio de Janeiro: Lumen Juris, 2010, p. 77.

tuto da Cidade sua principal referência, se a participação dos tribunais ainda é tímida, a complementação legislativa vem também comprometendo a consolidação e contribuição do Direito Urbanístico como garantia de um adequado e minimamente equitativo desenvolvimento urbano.[27]

O que não é percebido pelo enunciado é que, com o advento da Constituição brasileira de 1988, qualquer tentativa de enfrentamento das temáticas da produção, da interpretação e da aplicação do direito que ainda se fundamente em um solipsismo decisório inerente a um ator singular ou a um macrosujeito sociopolítico erige-se frágil.[28]

O chamado direito judicial, de raízes bülowianas, presta-se tão somente à reprodução da violência já instalada e ardilosamente mantida por um Estado que opta por isoladamente decidir o destino dos demais no recinto da Cidade a promover a implementação dos direitos que o judiciário escolhe e delimita como fundamentais. Com o seu emprego, o Estado se mantém como exercente qualificado do poder, que lhe adjetiva como aquele que manda em face dos quais lhe devem obediência.[29]

O que ainda não notaram os autores que se dedicam ao estudo do direito urbanístico no marco teórico democrático, é que "nenhuma **política ambiental** terá legitimidade se a população não foi antes atendida em seus **direitos fundamentais** de plena manifestação de sua vontade já constitucionalmente adquiridos como **líquidos, certos e exigíveis**",[30] vez que o povo somente poderá atuar na construção

---

[27] BONIZZATO, Luigi. *A constituição urbanística e elementos para a elaboração de uma teoria do direito constitucional urbanístico*. Rio de Janeiro: Lumen Juris, 2010, p. 77-80.

[28] Conforme afirma HABERMAS, Jürgen. *Direito e democracia* – entre facticidade e validade. Tradução Flávio Beno Siebeneichler. 2ª ed. Rio de Janeiro: Tempo Brasileiro, 2003, v. II.

[29] Sobre a correlação entre o poder, o mando e a obediência, confira, especialmente, as obras de JELLINEK, Georg. *Teoria general del estado*. Tradución Fernando de los Rios Uruti. Granada: Comares, 2000; de BARACHO, José Alfredo de Oliveira. *Regimes políticos*. São Paulo: Resenha Universitária, 1977; e de BRÊTAS, Ronaldo C. Dias. *Processo constitucional e estado democrático de direito*. 2ª ed. Belo Horizonte: Del Rey, 2012.

[30] LEAL, Rosemiro Pereira. O direito à vida e o meio ambiente. In: LEAL, Rosemiro Pereira. *Relativização inconstitucional da coisa julgada*: temática proces-

democrática da Cidade se lhe for deferido o exercício do direito a uma vida livre e digna.

A atribuição ao Estado da função de gerar eficácia às normas constitucionais e infraconstitucionais relativas ao direito urbanístico, por meio dos proativos e corajosos juízes que o representam, consiste em mera crença[31] (subjetivismo radical). Se não forem implementados os direitos fundantes da própria democraticidade, já previstos na constitucionalidade democrática, nenhuma atuação judicial será capaz de possibilitar a fruição qualificada dos direitos à terra urbana, à moradia, ao saneamento ambiental, à infraestrutura urbana, ao transporte, aos serviços públicos, ao trabalho, ao lazer e à segurança.

No paradigma jurídico-constitucional do Estado Democrático de Direito, a identificação, a medição e o afastamento dos problemas urbanos não se dá pela prestante atuação iluminada do Estado-Juiz que, por meio de um processo que instrumentaliza os atos de poder, gera eficácia às normas urbanísticas. A construção democrática da Cidade ocorrerá pela atuação processual que permitirá, pela sua principiologia,[32] a inclusão de todos na decisão de seu destino no *locus* urbano.

É nesse sentido que o neoinstitucionalismo processual conjectura que:

> A **cidadania**, como direito-garantia fundamental constitucionalizado, só se encaminha pelo **Processo**, porque só este reúne garantias dialógicas de liberdade e igualdade do homem ante o Estado na criação e reconstrução permanente das instituições jurídicas, das constituições e do próprio modelo constitucional de Processo. Atualmente, pelas características da **expansividade**, **variabilidade** e **perfectibilidade** do Processo, não há se falar em Processo constitucional e outro infraconstitucional, de vez que é este forma **juridicamente** fundada naquele dentro de um **modelo** institucio-

---

sual e reflexões jurídicas. Belo Horizonte: Del Rey, 2005, p. 146. Em sentido semelhante, confira os escritos de MOLINARO, Carlos Alberto. Direito à cidade e o princípio de proibição de retrocesso. *Direitos Fundamentais & Justiça*, nº 10, p. 161-179 – jan./mar. 2010.

31 É o que se extrai do estudo formalizado por POPPER, Karl Raimund. *Conhecimento objetivo* – uma abordagem evolucionária. Tradução Milton Amado. Belo Horizonte: Itatiaia, 1999.

32 LEAL, Rosemiro Pereira. *Teoria geral do processo* – primeiros estudos. 11ª ed. Rio de Janeiro: Forense, 2012.

nal constitucionalizado e unificado por princípios, garantias e institutos que lhe são qualificativos.

E conclui:

> Por conseguinte, o **Estado**, na pós-modernidade, seja como Administração-Governativa ou espaço da procedimentalidade jurídica, não é mais o **todo** do ordenamento jurídico, mas está no ordenamento jurídico em **situação homotópica** (isonômica) com outras **instituições** e com estas se articula de modo interdependente e num regime jurídico de subsidiariedade recíproca.[33]

Por consequência, apenas uma teoria do processo comprometida com a autoaplicabilidade dos direitos fundamentais já acertados no texto normativo-constitucional[34] encontra-se habilitada à inserção do povo na construção do seu destino no *locus* urbano.

De simples técnica destinada à efetivação do poder estatal, como teorizado por Oskar von Bülow e ostensivamente divulgada pelos adeptos da teoria do processo como relação jurídica de direito público, o processo assume, na atualidade dos estudos jurídicos, a condição de teoria normativo-linguístico-democrática viabilizadora da inserção do povo na fiscalidade do meio ambiente, a partir dos princípios do contraditório, da ampla defesa e da isonomia, que se apresentam como institutivos do devir,[35] também no recinto da Cidade.

8.3 CONSIDERAÇÕES FINAIS

Na constitucionalidade democrática, a conceituação de processo como relação jurídica de direito público entre juiz (tribunal), autor e réu apresenta-se problemática. Baseando-se no protagonismo do julgador, representante do Estado, a teorização proposta por Oskar von

---

33 LEAL, Rosemiro Pereira. *Teoria geral do processo* – primeiros estudos. 11ª ed. Rio de Janeiro: Forense, 2012, p. 31.

34 LEAL, Rosemiro. O garantismo processual e direitos fundamentais líquidos e certos. In: LEAL, Rosemiro Pereira. *Relativização inconstitucional da coisa julgada*: temática processual e reflexões jurídicas. Belo Horizonte: Del Rey, 2005, p. 23-32.

35 LEAL, Rosemiro Pereira. *Processo como teoria da lei democrática.* Belo Horizonte: Fórum, 2010.

Bülow, em 1868, radicalizada em sua obra de 1885, não encaminha quaisquer contribuições para a reflexão do direito democrático.

Dizer que o direito processual serve ao direito material representa mera troca de etiqueta que nada acrescenta à democracia, porque, como se viu, o direito material, nessa perspectiva, tem os seus conteúdos delimitados por uma jurisdição estatalizada exercida por consciências judiciais responsáveis que sabem o que é bom, aconselhável, permitido ou proibido ao povo. Com isso, a Cidade mantém-se como lugar da domesticação de meros destinatários normativos (jurisdicionados) a aguardar que os responsáveis pela dicção jurídica lhes digam o que o direito é, sem que a esses destinatários seja ofertado questionar (refutar) referidos conteúdos normativos e sua pertinência à constitucionalidade democrática.

Um direito processual que se pretenda democrático não serve à jurisdição assim concebida, mas é, ele próprio, referencial teórico-normativo para a aferição do grau de democraticidade das decisões normativas pelos princípios do contraditório, da ampla defesa e da isonomia, com o afastamento do solipsismo decisório típico dos paradigmas jurídico-constitucionais do Estado Liberal, e seu legislador representante dos interesses de cidadãos-agentes-econômicos, e do Estado Social, com os seus juízes-administradores dos destinos da nacionalidade.

O que se conclui, portanto, é que os níveis de democraticidade das decisões normativas, relativas ou não à Cidade, não se medem pelo grau de sapiência, de comprometimento com as aspirações sociais ou de clarividência de quem as toma, mas por sua aderência a um sistema autocrítico de direitos fundamentais que permitam a construção, a interpretação, a aplicação e a extinção do direito democrático: o processo na teoria neoinstitucionalista.

REFERÊNCIAS

ARNAUD, André-Jean; DULCE, María José Farinas. *Introdução à análise sociológica dos sistemas jurídicos*. Rio de Janeiro: Renovar, 2000.

BARACHO, José Alfredo de Oliveira. *Regimes políticos*. São Paulo: Resenha Universitária, 1977.

BONIZZATO, Luigi. *A constituição urbanística e elementos para a elaboração de uma teoria do direito constitucional urbanístico*. Rio de Janeiro: Lumen Juris, 2010.

BRÊTAS, Ronaldo C. Dias. *Processo constitucional e estado democrático de direito*. 2ª ed. Belo Horizonte: Del Rey, 2012.

BÜLOW, Oskar von. *La teoria de las excepciones procesales y los presupuestos procesales*. Buenos Aires: EJEA, 1964.

BÜLOW, Oskar von. Gesetz und richtertamt. In: BÜLOW, Oskar von. *Juristische zeitgeschichte* – kleine reihe – klassische texte. Berlin: Berliner Wissenschafts-Verlag GmbH, 2003, v. 10.

CASTRO, Bernardo Vassalle de. A participação social no processo legislativo e o desenvolvimento sustentável. In: *Veredas do Direito*: Direito Ambiental e Desenvolvimento Sustentável, Belo Horizonte, volume especial 7, n. 13 e 14, jan./dez. 2010, p. 213-239.

CATTONI DE OLIVEIRA, Marcelo Andrade. *Direito constitucional*. Belo Horizonte: Mandamentos, 2002.

CHIOVENDA, Giuseppe. *Instituições de direito processual civil*. 3ª ed. Tradução Paolo Capitanio. Campinas: Bookseller, 2002, v. 1.

CINTRA, Antonio Carlos de Araújo; GRINOVER, Ada Pellegrini; DINAMARCO, Cândido Rangel. *Teoria geral do processo*. 15ª ed. São Paulo: Malheiros, 1999.

DINAMARCO, Cândido Rangel. *A instrumentalidade do processo*. São Paulo: Malheiros, 1996.

DINAMARCO, Cândido Rangel. *A nova era do processo civil*. São Paulo: Malheiros, 2004.

GONÇALVES, Aroldo Plínio. *Técnica processual e teoria do processo*. 2ª ed. Belo Horizonte: Del Rey, 2012.

HABERMAS, Jürgen. *A inclusão do outro* – estudos de teoria política. São Paulo: Loyola, 2002.

HABERMAS, Jürgen. *Direito e democracia* – entre facticidade e validade. Tradução Flávio Beno Siebeneichler. 2ª ed. Rio de Janeiro: Tempo Brasileiro, 2003, v. II.

JELLINEK, Georg. *Teoria general del estado*. Tradución Fernando de los Rios Uruti. Granada: Comares, 2000.

LARENZ, Karl. *Metodologia da ciência do direito*. 3ª ed. Tradução de José Lamego. Lisboa: Fundação Calouste Gulbenkian, 1997.

LEAL, André Cordeiro. *Instrumentalidade do processo em crise*. Belo Horizonte: Mandamentos, 2008.

LEAL, Rosemiro Pereira. O direito à vida e o meio ambiente. In: LEAL, Rosemiro Pereira. *Relativização inconstitucional da coisa julgada*: temática processual e reflexões jurídicas. Belo Horizonte: Del Rey, 2005.

LEAL, Rosemiro. O garantismo processual e direitos fundamentais líquidos e certos. In: LEAL, Rosemiro Pereira. *Relativização inconstitucional da coisa julgada*: temática processual e reflexões jurídicas. Belo Horizonte: Del Rey, 2005.

LEAL, Rosemiro Pereira. *Uma pesquisa institucional de estado, poder público e união na constitucionalidade brasileira*: significados equívocos e a interpretação do direito; busca de um novo medium lingüístico na teoria da constitucionalidade democrática. Belo Horizonte: Del Rey, 2008.

LEAL, Rosemiro Pereira. *Processo como teoria da lei democrática.* Belo Horizonte: Fórum, 2010.

LEAL, Rosemiro Pereira. *Teoria geral do processo* – primeiros estudos. 11ª ed. Rio de Janeiro: Forense, 2012.

MAUS, Ingeborg. Judiciário como superego da sociedade: o papel da atividade jurisprudencial na 'sociedade órfã'. In: *Revista Novos Estudos*, nº 58, nov., São Paulo: Cebrap, 2000.

MOLINARO, Carlos Alberto. Direito à cidade e o princípio de proibição de retrocesso. *Direitos Fundamentais & Justiça*, nº 10, p. 161-179 – jan./mar. 2010.

POPPER, Karl Raimund. *Conhecimento objetivo* – uma abordagem evolucionária. Tradução Milton Amado. Belo Horizonte: Itatiaia, 1999.

RODRIGUES, Marcelo Abelha. *Processo civil ambiental.* 2ª ed. São Paulo: Revista dos Tribunais, 2010.

THIBAU, Vinícius Lott. *Presunção e prova no direito processual democrático.* Belo Horizonte: Arraes, 2011.

THIBAU, Vinícius Lott. O processo na construção democrática da cidade. In RIOS, Mariza; CARVALHO, Newton Teixeira; KLEINRATH, Stella de Moura (coord.). *A cidade real e a cidade ideal em uma reflexão transdisciplinar.* 2ª tiragem. Belo Horizonte: Del Rey, 2014, p. 121-140.

TORNAGHI, Hélio. *A relação processual penal.* 2ª ed. São Paulo: Saraiva, 1987.

WIEACKER, Franz. *História do direito privado moderno.* Tradução Antonio Manuel Botelho Hespanha. 3ª ed. Lisboa: Fundação Calouste Gulbenkian, 2004.

Impresso em maio de 2015